本报告为“高等教育发展质量监测评价研究”
研究项目的阶段性成果

内容简介

《中国研究生教育质量年度报告（2017）》是具有研究性质的第6部研究生教育质量年度报告。报告坚持以“年度”和“质量”为核心主题词，多角度、多层面反映了2016年度我国研究生教育质量。

本报告对2016年我国研究生教育质量进行了述评；对2016年我国研究生教育发展状态进行了数据分析，构建了研究生教育质量指数；遴选出2016年度中国研究生教育质量十大事件、清华大学和苏州大学为质量单位，何镜堂为本年度质量人物；从条件支撑、教育贡献和社会适应三个维度，对全国31个省、自治区、直辖市的研究生教育质量进行了单项排名；对全国109所研究生培养单位的57067名在校研究生进行的满意度调查显示，在校研究生对教育质量的总体满意度为70.6%；收集了国外媒体对我国“双一流”建设背景下研究生教育发展的观察以及美国、英国、德国、俄罗斯等国家研究生教育动态以及和亚洲部分国家研究生教育质量。编录了2016年中国研究生教育要事志。

本报告内容翔实，全面、客观，多角度反映了2016年度中国研究生教育质量概况，为全面提高我国研究生教育质量提供宝贵资料和决策依据。本报告为研究生培养单位创新研究生培养模式，提高培养质量提供有益的参考，是公众了解我国研究生教育质量状况的重要来源，也是长期从事研究生教育研究学者的重要参考资料。

Abstract

Annual Report on China's Graduate Education Quality 2017 is the sixth report on the graduate education quality. This report, highlighting "chronicle" and "quality", analyzed the quality from multiple levels and perspectives, and provided an overview of Chinese graduate education quality in 2016 scientifically and objectively.

This report reviewed the major improving measures, and held an overall quality evaluation of 2016. It did data analysis of annual development status and constructed quality indexes. Ten annual events, Tsinghua University and Soochow University were selected as the annually representative units and He Jingtang as the character. From three dimensions of supporting condition, education contribution and social adaption degree respectively, the report made a ranking of 31 provincial graduate education quality. The satisfaction questionnaire of 57,067 graduate students from 109 graduate training units presented that the overall satisfaction was 70.6%. The report collected some foreign media's observations on Chinese graduate education quality, and current situations and tendency of graduate education quality in the United States, Britain, Germany, Russia, and some Asian countries. The report cataloged important events of 2016.

The report presented a detailed content and reflected general quality of 2016 comprehensively, objectively and multi-dimensionally. It not only provided valuable information and decision-making basis for comprehensive quality improvement, but also gave the training units useful references for training mode innovation and training quality improvement. At the same time, this report supplied a better public access and a helpful reference for the scholars in the same field.

北京理工大学 研究生教育研究中心
Center for Graduate Education Beijing Institute of Technology

中国研究生教育质量年度报告（2017）

Annual Report on China's Graduate Education Quality 2017

王战军　主编
Wang Zhanjun Chief Editor

中国科学技术出版社
· 北 京 ·

图书在版编目（CIP）数据

中国研究生教育质量年度报告. 2017/王战军主编. —北京：中国科学技术出版社，2017.8

ISBN 978-7-5046-7607-8

Ⅰ.①中… Ⅱ.①研… Ⅲ.①研究生教育—教育质量—研究报告—中国—2017 Ⅳ.①G643

中国版本图书馆CIP数据核字（2017）第186358号

选题策划　苏　青　王晓义
责任编辑　王晓义
封面设计　孙雪鹂
责任校对　杨京华
责任印制　徐　飞

出　　版　中国科学技术出版社
发　　行　中国科学技术出版社发行部
地　　址　北京市海淀区中关村南大街16号
邮　　编　100081
发行电话　010-62173865
传　　真　010-62179148
投稿电话　010-62176522
网　　址　http://www.cspbooks.com.cn

开　　本　720mm × 1000mm　1/16
字　　数　170千字
印　　张　12.25
印　　数　1—3000册
版　　次　2017年8月第1版
印　　次　2017年8月第1次印刷
印　　刷　北京盛通印刷股份有限公司

书　　号　ISBN 978-7-5046-7607-8/G · 756
定　　价　49.00元

编 委 会

专家委员会成员

主编简介

王战军，1956年生，教育部高等教育教学评估中心原副主任；现任北京理工大学研究生教育研究中心主任，教授，博士生导师；清华大学教授，博士生导师；教育部哲学社会科学研究重大课题首席专家。

30多年来，一直从事高等教育管理、教学、科研与评估研究；主要研究方向为高等教育管理与评估、教育发展战略、管理信息系统等；曾策划、研制并组织开展多项全国学位与研究生教育评估项目；组织参与多项全国高等教育评估项目；主持完成或在研国家自然科学基金、国家社会科学基金等10余项；发表论文100余篇，其中代表性的有《"十二五"时期研究生教育质量保障政策分析》(《中国高等教育》，2017.5)、《数据密集型评估：高等教育监测评估的内涵、方法与展望》(《教育研究》，2015.6)、《研究生教育学的学科范畴与构建理念》(《学位与研究生教育》2017.5)；出版著作多部，代表性的有《研究型大学与高等教育强国》《学位与研究生教育评估理论与方法》《高等教育监测评估理论与方法》*The Construction and Development of Research Universities in China* 等。目前承担的课题有教育部哲学社会科学研究重大课题"世界一流大学和一流学科建设评价体系与推进战略研究"、北京市教育科学"十三五"规划重大课题"市属高校'双一流'建设问题及对策研究"等。

主要社会兼职有全国高校质量监测研究会会长、中国学位与研究生教育学会学术委员会副主任委员、中国高等教育评估研究会副理事长、《研究生教育研究》编委会副主任委员等。

曾多次代表我国专业评估机构访问美国、英国、澳大利亚、法国、意大利、加拿大等多个国家以及我国台湾地区，并与其评估组织进行了互相交流和学习。

前　言

2016年，是我国“十三五”的开局之年。2016年，我国研究生教育继续呈现良好的发展态势。研究生培养单位达到793个。研究生招生66.71万人，招生规模稳中有增。其中，专业学位硕士招生27.9万人，占比为47.5%；在校研究生规模达198.11万人，同比增长3.52%；毕业研究生56.39万人，同比增加2.25%；来华攻读研究生学位的有6.39万人，同比增加19.22%。

2016年，是我国研究生教育事业发展进程中极其重要的一年。这一年，习近平同志先后在召开的全国“科技三会”、哲学社会科学工作座谈会、高校思想政治工作会议等一系列会议上，对我国研究生教育提出了新希望。李克强总理多次主持召开国务院常务会议，就加快建设高水平大学、培养创新型人才提出明确要求。党中央、国务院关于我国研究生教育的新希望、新要求，为今后我国研究生教育的长远发展指明了方向。

2016年，我国研究生教育继续深化研究生教育“放、管、服”改革，不断提高质量，取得了新的成绩。一是主动放权，增强培养单位办学自主权。截至2016年底，各培养单位自主设置了4000多个二级学科和500多个交叉学科，激发了办学活力；深入推进博士招生“申请—考核”制改革，提高培养单位招收自主权。二是加强宏观管理，推动培养单位提高质量。2016年，国务院学位委员会完成了对全国205个学位授予单位的学位授权点动态调整，共撤销学位授权点576个，涉及25个省、自治区、直辖市的175个研究生培养单位；此外，共有25个省、自治区、直辖市的178个研究生培养单位增列了366个学位点。这一动态调整机制既“瘦了身”，又“强了体”，得到社会各界的广泛好评。通过2014年学位授权点专项评估，撤销了50个“不合格”授权点，对95个“限期整改”授权点给予暂停招生、限期整改处理。全面开展MBA教育自查自纠与专项整治，并对全日制和非全日制研究生作出明确界定，规范招生、投入、就业等要求，加强了对培养方式的统筹管理。

面对我国研究生教育改革的新阶段、新局面，编研组以“年度”和“质量”为核心主题词，从事实说、数据说、第三方说、省域说、学生说、国外媒体和专家学者说等多重视角，从国家层面、省级层面、从学生层面等多层面，直观化、多元化地呈现了 2016 年度我国研究生教育质量状态。

基于此，报告在内容方面做了几个布局：一是从多角度对 2016 年我国研究生教育质量进行了述评；二是用数据直观呈现了 2016 年度我国研究生教育质量状态；三是遴选出 2016 年我国研究生质量年度十大事件、清华大学和苏州大学为年度单位，华南理工大学大学何镜堂院士为年度人物；四是从人才培养和社会贡献两个维度构建了省级研究生教育质量评价理论指标体系，并结合数据的可得性，对全国 31 各个省、自治区、直辖市的研究生教育质量进行了单项排名；五是对全国 109 所研究生培养单位的近 6 万名在校研究生进行了满意度调查，进一步全面了解了我国研究生教育质量状况。六是通过综述境外媒体对我研究生教育质量评价和国外研究生教育动态，有助于我们更加全面系统地掌握国内外研究生教育的现状及趋势。同时，为了进一步增强报告的实用性，我们还编录了 2016 年中国学位与研究生教育要事志、第二届中国学位与研究生教育学会研究生教育成果奖评选结果、第六届学位与研究生教育优秀博士学位论文名单，以及《教育部关于进一步规范工商管理硕士专业学位研究生教育的意见》《教育部办公厅关于统筹全日制和非全日制研究生管理工作的通知》两个重要文件。

通过《中国研究生教育质量年度报告》，我们希望达到三个目的：一是以第三方的视角，用数据和事实说话，科学、客观呈现我国研究生教育质量现状；二是从多角度、多层面客观呈现我国研究生教育质量的状态；三是通过对我国研究生教育质量存在的问题及今后可能出现的问题进行科学评判，以引起有关部门和机构对相关问题的重视，为他们及时发现问题、研判问题和科学决策提供有益参考。

我国研究生教育肩负着服务国家发展战略需求，满足国家社会经济建设需要，适应研究生个性发展趋势，培养社会主义事业接班人，建设高等教育强国的重大责任。为此，我们编研组将继续开拓创新、锐意进取，为我国全面提高研究生教育质量服务。

目 录

Contents

第一章　研究生教育质量述评

“十三五”期间，我国研究生教育要进一步贯彻落实中央关于发展的新理念新要求，要进一步面向国家和区域发展战略的重大需求、面向世界一流大学建设战略的需求，以服务需求、提高质量为发展主线，全面提高研究生教育质量，为建设创新型国家和人力资本强国、全面建成小康社会发挥关键作用。2016 年是“十三五”开局之年，我国研究生教育朝着更高质量、更有效率的发展方向迈出了坚实的一步。

一、唱响“强体”“提质”的强音

研究生教育规模近 20 年快速增长，中国已经成为研究生教育大国。2016 年，全国共有研究生培养单位 793 个。其中，普通高校 576 个、科研机构 217 个；在校研究生共计 1981051 人，其中博士研究生 342027 人（占比 17.26%），硕士研究生 1639024 人（占比 82.74%）；招收研究生 667064 人（其中博士生 77252 人），毕业研究生 563938 人（其中博士生 55011 人）；来华攻读研究生学位的有 63867 人，其中攻读硕士学位 45816 人，攻读博士学位 18051 人。另一方面，我国千人注册研究生数、千人拥有的研发人员数、在读博士硕士研究生中留学生的比例虽然稳步提升，但与研究生教育发达国家的差距仍然较大。我国研究生教育仍大而不强，要建成世界研究生教育强国，既要切实缩小与发达国家研究生教育的质量，又要稳步扩大研究生教育规模，还要调整优化研究生教育结构。因此，发展仍是我国研究生教育的主题，质量仍是我国研究生教育的主调。研究生教育的发展既要有“质”又要有“量”，兼顾规模的适度扩充和质量的全面提升。正如中共中央政治局委员、国务院副总理、国务院学位委员会主任委员刘延东 2017 年 1 月 23 日在国务院学位委员会第三十三次会议上所强调的，推动研究生教育“稳中求进、进中有新”。

（一）学位授权点专项评估"重拳出击"

学位授权点审核评估和合格评估一直是我国保证和提升学位与研究生教育质量的基本制度，审核评估是从起始严把质量关，合格评估是从结果严把质量关。与过去审核评估备受关注、合格评估不足轻重相比，2016 年 3 月发布的 2014 年学位授权点专项评估结果引起了广泛的关注和极大的影响。

95个学位授权点评估结果认定为"限期整改" 50个学位授权点评估结果认定为"不合格"

参加此次专项评估的 2296 个学位授权点，2097 个学位授权点评估结果认定为"合格"（占 91.33%）；95 个学位授权点评估结果认定为"限期整改"（占 4.14%），其中博士学位授权点 5 个、硕士学位授权点 90 个；50 个学位授权点评估结果认定为"不合格"（占 2.18%），其中博士学位授权点 5 个、硕士学位授权点 45 个；54 个学位授权点被学位授予单位主动提出放弃授权（2.35%）。评估结果为"不合格"的学位授权点，自发文之日起撤销学位授权；评估结果为"限期整改"的学位授权点，即日起要进行为期 2 年的整改；学位授予单位主动提出放弃授权的学位授权点，优先用于放弃授权点的学位授予单位进行学位授权点动态调整。

学位授权点评估为"不合格"和"限期整改"，从评估来看主要是人才培养目标、师资队伍、课程体系和实习实践条件等方面存在明显的问题；从演变来看则是研究生教育规模快速扩张的后遗症；从根源来看则是研究生教育发展理念与模式的不适应。舆论认为，针对博士硕士学位授权点的盲目新增和研究生教育规模的恣意扩张之痼疾再不施以猛药，一味追求研究生扩招数量、忽视其质量的学术不正之风势必愈演愈烈，毕业研究生缺乏竞争优势、社会创新能力后劲不足的恶果势必愈加严重。通过常态化的质量监测以及强制性的质量"体检"，将"不合格"的学位授权点红牌罚下，倒逼"限期整改"的学位授权点尽快提升质量。发现问题、对症下药，瘦身强体、提高质量，是全面提升我国研究生教育质量的必经之路。

（二）学位授权点撤销和增列“动态调整”

“服务需求、提高质量”是我国学位与研究生教育改革与发展的主线。要真正落实这一主线就要聚焦国家重大战略和发展需求，瞄准科技前沿，加强科教协同、产学研结合，提高服务经济社会发展能力；就要充分研究生培养单位的办学自主权，引导培养单位加快发展方式转变，着眼“五个发展”急需领域，及时调整和优化学科专业结构，实现服务需求与优化供给的对接。

研究生培养单位高度重视主动对接社会需求，积极推动供给侧结构性改革。2016 年学位授权点撤销和增列的“动态调整”充分体现了这一点。国务院学位委员会公布的《关于下达 2016 年动态调整撤销和增列的学位授权点名单的通知》显示，205 个学位授予单位完成了学位授权点动态调整，有 175 所高校共撤销 576 个学位点，其中博士学位授权点 51 个；有 178 所高校共增列 367 个学位点，其中博士学位授权点 33 个。

有175所高校共撤销576个学位点，其中博士学位授权点51个；有178所高校共增列367个学位点，其中博士学位授权点33个

动态调整学位授权点，舆论上改变了学位授权点“能上不能下”“能加不能减”的惯性思维，导向上促成学位点的优化布局。学位授权点动态调整机制的建立，是树立研究生教育发展新理念的现实举措，是落实研究生教育发展新要求的坚实步伐，是坚持研究生教育内涵发展的制度保障，也是推进研究生教育治理体系现代化的路径选择。它对于深化研究生教育供给侧改革，统筹推进“双一流”建设，全面提升研究生教育质量，都具有十分重要的意义。

（三）博士硕士学位授权审核办法成熟定型

“十三五”期间，我国学位与研究生教育授权制度改革的方向，一是加强顶层制度设计，进一步完善学位授权审核体系，细化学位授权审核标准，实施学位授权分类审核和管理，构建职责清晰、监管有力、周期性审核与动态调整相结合的学位授权审核制度；二是推进管理重心下移，进一步加强地方政府统筹规划，引导研究生培养单位着眼“五个发展”急需领域，聚焦行业产业对高层次人才的需求，自主调整和优化学科专业结构，增强服务国家战略需求和区域经济社会发展的人才支撑和智力支撑能力。

2017 年 3 月 13 日，国务院学位委员会印发《博士硕士学位授权审核办法》。该办法包括 7 章 35 条，规定了博士硕士学位授权审核的法律依据、指导思想、基本原则、体系结构、审核类型和申请条件制定；明确了学位授权审核的周期、组织方式、审批时限和授权审核口径；分别规定了新增博士硕士学位授予单位、新增博士硕士学位点和自主审核单位新增学位点等三类审核工作的申请范围、审核程序；规定了授权审核中的一些监管处罚措施。博士硕士学位授权审核的总体思路是坚持服务需求、提高质量，引导学位授予单位走内涵式发展道路，主动服务国家、区域经济社会发展需求，形成特色和优势；坚持突出质量标准主导作用，根据建设研究生教育强国的目标，制订起点更高、标准更严、针对性更强的申请基本条件，依法依规实施授权审核；坚持扩大省级统筹和高校办学自主权；坚持加强授权审核监管。

博士硕士学位授权制度是中国学位与研究生教育制度的特色之一，也是保证我国研究生教育质量的制度基础。经过此前的 11 次博士硕士学位授权审核，我国积累了丰富的学位授权审核经验，基本形成健全的、满足社会需求的学位授权体系。进入研究生教育改革发展“质量时代”后，博士硕士学位授权制度、审核办法、审核程序、基本条件等方面必须进行相应的变革，引导研究生培养机构准确定位、特色发展，以更好地、更有效地保证学位授予质量、服务社会发展需求、支撑研究生教育发展、激发培养单位活力，从而构建起责权分明、统筹规划、分层实施、公正规范的制度体系。

基于评估结果的强制性“瘦身”，基于动态调整的主动性“强体”，以及博士硕士学位授权审核改革，都是研究生教育发展新理念新要求的具体体现，都是研究生教育发展更高质量和更有效率的坚实基础。学位授权点评估将作为教育质量监测的常态化手段，引导督促学位授予单位健全完善质量保证和监督体系；实现常态化授权审核，健全授权点动态调整和强制退出机制。这一系列强势举措缘起于全国研究生教育质量工作会议决议，伴随着学位与研究生教育新制度的成熟定型，标志着我国研究生教育真正进入“质量时代”。

二、强化“规划”“定位”的谋划

（一）《学位与研究生教育发展“十三五”规划》吹响号角

回顾我国学位与研究生教育发展历程，各个历史阶段出台的学位与研究生教育改革发展规划发挥了重要的指导作用。国务院学位委员会和各省自治区、直辖市学位委员会近年来尤其重视学位与研究生教育改革政策、发展规划的调查研究和文本编制，藉此凝聚共识，明确目标，形成合力，整体发展，全面提升研究生教育发展水平和教育质量。

2017 年 1 月 17 日，教育部、国务院学位委员会印发《学位与研究生教育发展“十三五”规划》以下简称《规划》，提出“十三五”时期学位与研究生教育改革发展要继续坚持以服务需求、提高质量为主线，优化结构布局，改进培养模式，健全质量监督，扩大国际合作，推动培养单位体制机制创新，全面提升研究生教育水平和学位授予质量，加快从研究生教育大国向研究生教育强国迈进。《规划》提出，要把服务需求、提高质量作为发展主线；把寓教于研、激励创新作为根本要求；把分类改革、机制创新作为主要驱动。《规划》提出，到 2020 年，实现研究生教育向服务需求、提高质量的内涵式发展转型，基本形成结构优化、满足需求、立足国内、各方资源充分参与的高素质高水平人才培养体系，国际影响力显著增强，建成亚太区域研究生教育中心，为建设研究生教育强国奠定更加坚实的基础。

《规划》继续坚持服务需求、提高质量的新理念新要求，坚持创新、协调、绿色、开放、共享五个发展新理念，指向内涵发展全面推进、综合改革全面深化两个新目标，抓住培养模式转变、体制机制创新、结构调整优化、调动各方资源参与研究生教育的积极性、对外开放五个“更加突出”关键点，将研究生教育发展重点引导到内涵发展上，引导到提高质量上，引导到转变发展理念和发展方式上，力争到 2020 年全面实现研究生教育发展转型，形成立足国内、各方参与的高水平人才培养体系。

（二）以“双一流”建设推动研究生教育发展

推进“双一流”建设是我国的重大战略决策，经过此前的“211 工程”“985 工程”等重点建设，我国一批学科达到或接近国际先进水平，高校的国际排名总体呈现上升态势，教育水平和教育质量的国际声誉稳步提升，这些为战略部署和实际推进中国特色、世界一流的高水平大学建设奠定了坚实的基础。

2016年，我国高等教育发展的一个焦点就是统筹推进世界一流大学和一流学科建设。2015年10月，国务院发布《统筹推进世界一流大学和一流学科建设总体方案》，为我国建设世界一流大学绘制了新的宏伟蓝图，也为建设一流研究生教育体系提供了战略指导和重要保障；2016年2月，教育部印发《教育部2016年工作要点》，要求加快世界一流大学和一流学科建设，制定“双一流”实施办法；2017年1月，教育部、财政部、国家发展改革委印发《统筹推进世界一流大学和一流学科建设实施办法（暂行）》，进一步明确了“双一流”建设的基本原则、遴选条件、遴选程序、支持方式、动态管理和组织实施。

国家“双一流”战略政策引领建设一流研究生教育体系，高水平研究生教育是世界一流大学和一流学科的突出特征，建设世界一流的研究生教育是世界一流大学和一流学科建设的重要内容。“双一流”建设提出的建设一流师资队伍、培养拔尖创新人才、提升科学研究水平、传承创新优秀文化、产学合作与促进科研成果转化等五大任务，都与研究生教育密切相关。“双一流”建设将构筑拔尖创新人才培养高地，为研究生教育改革开拓思路，提供参考示范，加速深化研究生教育综合改革，带动研究生教育整体发展。

（三）站位定位凸显发展新理念

研究生教育站位要高，定位要准，落位要实。“十三五”期间我国研究生教育要按照“四个全面”战略布局和“五个发展”理念，把中央关于发展的新理念新要求贯彻落实到学位与研究生教育改革发展全过程与各方面。首先要认识到位，要从政治站位的高度，清晰地把握全面提高研究生教育质量的战略意义，增强提升质量的魄力和定力；其次要行动到位，要通过制度建设、程序优化，增强提升质量的行动力和执行力；最后要责任到位，要通过职责明晰、绩效问责，通过任务分解、落细落实，增强提升质量的实效性和长效性。

研究生培养单位加强结构调整优化和培养模式转变，构建良好学术生态环境，加强科教协同、产学研结合，在增强服务经济社会发展能力中合理定位并形成办学特色。比如，作为教育部深化专业学位研究生教育综合改革3个试点省市之一，江苏省将此项改革列为2016年省委全面深化改革工作要点，全省专业学位研究生教育通过探索“校内培养＋基地培养”“知识构建＋工程实践”等“1+1”培养模式，有效提升学生的基础知识、解决问题的能力和就业竞争力，得到了社会的广泛认可。再比如，天津大学实现权力下放、激发培养过程参与者内在动力和活力的“创新型人才培养质量持续改进模型（i-PDCA模型）”，为学校研究生教育综合改革中闭环质量控制与反馈机制提供了可靠的理论基础；改革分类培养机制，推行分类培养体系，以“3I·4C”研究生分类培养体系为指导，全面实施“I”计划与“P”计划。

部分研究生培养定位主动服务国家对外开放战略，对接“一带一路”等国家重大战略，推进双边和多边学位互认工作，加快培养能够参与国际事务与国际竞争的专门人才，扩大来华留学研究生培养规模，拓展开放合作的深度和广度。清华大学开办特色项目，扩大招生规模，2015—2016年，清华大学总计招收“一带一路”沿线国家和地区国际研究生456人；推动“一带一路”建设国际实践项目，建立清华大学博士生必修环节社会实践海外基地，在服务“一带一路”建设中培养高水平国际化人才；启动建设核能与核技术工程领域专业学位硕士国际人才培养项目，培养了解中国社会、熟悉中国核电企业、掌握核电知识和技能的国际人才；开办国际工程管理硕士项目，服务“一带一路”建设及“中国制造2025”的人才需求。坐落于同济大学的上海国际知识产权学院开办“一带一路”知识产权硕士项目，世界知识产权组织（WIPO）和国内著名专家共同组成专家委员会负责学生选拔、培养方案制订、课程设计等工作，计划每年招收来自“一带一路”沿线国家的知识产权政府官员和专家学者25人。河海大学立足当地经济社会发展需求，依托学校水利特色和学科优势，积极推进海外办学点建设，强化“一带一路”沿线国家水利水电人才本土化培养。

研究生培养定位纷纷推进综合改革，在改革中定位，在发展中作为。比如，西安交通大学致力于激活创新，“给力”研究生教育供给侧改革，在迈向“双一流”征程中，以“四个追求”为引领，即“求精：创新，是一种能力”、“求实：目标，瞄准国家需求”、“求真：质量，是唯一的标准”、“求变：改革，与时代同行”，培养价值塑造、能力培养、思维创新为一体的研究生，夯实研究生教育的内涵和质量。再比如，有研究生培养定位提出以提升研究生创新能力为出发点，以提高研究生培养质量为着力点，深化教育教学改革，大力推进内涵式发展，展现全新的外在“颜值”和内在“气质”，即“身材”好：结构比例趋合理；“颜值”高：改革创新添活力；“气质”佳：开拓进取更靓丽。

三、加强“需求”“志趣”的兼顾

（一）新的社会需求形成了研究生教育发展的新亮点

2020年我国研究生在学研究生总规模达到290万人

2016年是全面建成小康社会决胜阶段的开局之年，也是推进结构性改革的攻坚之年。我国研究生教育机遇与挑战并存，“四个全面”战略布局对研究生教育提出了新要求，“五个发展”理念为研究生教育提供了新机遇，新科技革命对研究生教育提出了新挑战。《学位与研究生教育发展“十三五”规划》提出，2020年我国研究生在学研究生总规模达到290万人。博士学位研究生教育规模将适度扩大，重点是适度增加服务国家重大发展战略、重点发展地区需求紧密相关的博士研究生培养数量，适度增加哲学社会科学、马克思主义理论学科、传承中华优秀传统文化相关领域的博士研究生培养数量。

研究生教育的适度规模与经济发展水平、科技发展水平等因素密切相关，而经济增长特别是经济内涵式发展对高层次人才的大量需求乃是推动研究生教育规模扩大的首要动因。新的社会需求形成了研究生教育发展的新热点。我国经济发展进入新常态，国家实施创新驱动“一带一路”“中国制造2025”“互联网+”等重大发展战略，对高层次创新人才的规模和质量提出了迫切需求。许多研究生培养单位聚焦国家重大战略和发展需求，围绕“一带一路”设置新的学科专业，培养国际化通用型人才。

研究生招生规模的增速、研究生报考人数的增幅的下调将成为“新常态”。研究生培养单位要更加注重调动各方积极性，发挥市场在资源配置中的决定性作用，吸引行业企业、社会组织等利益相关方积极参与，更好地对接社会需求、拓展投入渠道、扩大创新创业资源。研究生培养单位要优化供给，主动适应需求动态调整发展结构，实现服务需求与优化供给的对接，建设一批国家发展急需、影响未来发展的学科专业。研究生培养单位要以前沿问题或重大科学、重大工程问题为导向，科学设置新兴、交叉学科。研究生教育要健全学科发展潜力与社会需求预警机制，对学科水平持续低下、长期脱离社会需求的学科实行预警甚至取消。

（二）专业学位研究生教育需求持续上扬

2016年专业学位研究生报考人数较2015年增加了12.4万人

2010 年以来，专业学位研究生教育发展步伐加快，国务院学位委员会先后批准新增 3600 多个硕士专业学位授权点，专业学位授权点由 2008 年的 3200 多个增加到 2015 年的 7200 多个，硕士专业学位研究生招生人数由 2008 年的 17.4 万人增加到 2015 年的 37.6 万人。2015 年，我国授予硕士专业学位 31.27 万人，占全部硕士学位授予数的 49.3%。相对于硕士研究生考试报名总人数的下滑，专业学位研究生报名人数逐年增加，2016 年专业学位研究生报考人数较 2015 年增加了 12.4 万人。专业学位研究生教育形成了一些品牌项目，临床医学、建筑、会计、翻译、金融等专业学位的就业率和就业质量一直名列前茅。“十三五”期间，专业硕士学位授权点将增加，专业学位硕士研究生招生规模将日益超过学术型硕士，这一信号势必进一步刺激和放大考生选择攻读专业学位的意愿。与此同时，要解决专业学位研究生教育存在的供需不匹配问题，就要围绕提高专业学位研究生教育规模结构与经济产业需求之间的适切度、培养模式与社会行业需求之间的匹配度、体制机制与服务市场需求之间的融合度，致力“调结构”“强质量”“促改革”。

专业学位研究生教育步入“整合”与“同一质量标准”轨道。2016 年 3 月 22 日，教育部印发《关于进一步规范工商管理硕士专业学位研究生教育的意见》，指出部分院校办学定位不准、办学思想不够端正、办学行为有失规范等，影响了工商管理硕士专业学位研究生教育的办学质量和声誉，引起社会关注。意见特别强调要坚持正确办学方向，准确把握办学定位。坚持以社会需求为导向，遵循人才培养规律，深化教育教学改革，坚决避免以营利为目的的办学倾向，坚决杜绝权力寻租现象。2016 年 9 月 14 日，教育部办公厅印发《统筹全日制和非全日制研究生管理工作的通知》，要求统一下达全日制和非全日制研究生招生计划，统一组织实施全日制和非全日制研究生招生录取，坚持全日制和非全日制研究生教育同一质量标准。为了适应学习型社会的建设、人力资源强国建设需要，加强对我国全日制和非全日制研究生统筹管理具有重要意义。该通知对全日制和非全日制研究生做出明确界定，统筹全日制和非全日制研究生管理，将推进依法行政和依法办学，促进学习型社会建设以及推动研究生教育科学管理。研究生培养单位根据社会需求自主确定不同学科、类别研究生教育形式，根据培养要求分别制订培养方案，统筹全日制与非全日制研究生教育协调发展，坚持同一标准，保证同等质量。

（三）学术兴趣与立德树人引起重视

关于博士毕业生缺乏学术志趣、缺乏学术抱负，远离学术、远离高校的报道并不少见。造成这一现象的原因很复杂，要解决这一问题，从研究生教育系统本身而言，一是抓准博士研究生“入口关”，要通过各种深度的交流来判断申请攻读博士研究生的候选人的学术志趣；二是要抓实研究生培养过程中的“分流关”，要通过分类培养和强制分流机制将缺乏学术志趣的博士研究生分流调整，硕博连读的转为硕士毕业；三是要抓活研究生的“科研关”，研究生身临其境的科学研究活动是有趣的还是无趣的，是乐意的还是被迫的，直接影响研究生对未来的学术职业前景或者倾向性的判断，有趣的、宽容的、符合学生发展需要、有利于学生发展的科学研究活动将大大增强研究生毕业后投身学术职业的兴趣和信心。

一篇《抱歉，我不收没有学术抱负的博士生》微博引发了广泛的讨论。文章认为没有学术抱负就基本等于放枪没靶子，没有学术抱负的博士生是悲哀的，但是不少人需要的不是搞学术，而是一只饭碗、一份学历、一个驾轻就熟的工种、一种风险相对较小的生活，进而呼吁若没有学术抱负就不要去伤害最纯粹的学者。2016 年 12 月 26 日《光明日报》刊发的罗志敏“研究生教育需回归研究性”一文称，虽然目前的环境已与过去那个“以学术为志业”的时代相去甚远，更多地与个人的职业以及社会需求结合在一起，但是，从研究生教育的起源及发展历程来看，研究性始终是其应该坚守的本质属性，对研究生教育来讲这个最大的“常识”就是研究性，研究能力是研究生最需要培养和具备的素质。

提高培养质量，就是要“坚持立德树人，突出人才培养的核心地位，分类推进培养模式改革，着力培养具有历史使命感和社会责任心、富有创新精神和实践能力的高素质人才。”习近平总书记在全国高校思想政治工作会议上强调，我们对高等教育的需要比以往任何时候都更加迫切，对科学知识和卓越人才的渴求比以往任何时候都更加强烈。党中央作出加快建设世界一流大学和一流学科的战略决策，就是要提高我国高等教育发展水平，增强国家核心竞争力。习近平总书记指出要坚持把立德树人作为中心环节，把思想政治工作贯穿教育教学全过程，实现全程育人、全方位育人，努力开创我国高等教育事业发展新局面。我国高等教育发展方向要同我国发展的现实目标和未来方向紧密联系在一起，坚持“为人民服务，为中国共产党治国理政服务，为巩固和发展中国特色社会主义制度服务，为改革开放和社会主义现代化建设服务”。

四、夯实“共识”“数据”的基石

（一）凝聚研究生教育改革发展共识

2016 年 3 月 26 日，由北京理工大学研究生教育研究中心主办，学位与研究生教育杂志社 、《研究生教育研究》编辑部、《清华大学教育研究》编辑部协办的 2016 年中国研究生教育高端论坛在云南大学召开。本次论坛的主题为“研究生教育与‘双一流’建设”，来自全国 80 余所高校、科研院所以及部分省市教育主管部门的 150 余名代表围绕研究生教育质量内涵与评价标准、“双一流”建设中研究生教育的地位与作用和研究生教育的理论体系与学科建设等三个议题展开了热烈的讨论。

2016 年 9 月 27 日，由中国学位与研究生教育学会主办，天津大学教育学院和研究生院联合承办的“研究生教育学学科建设理论与实践高端论坛”在北洋园校区图书馆多功能厅举行。作为一门新兴学科，研究生教育学的学科属性、知识结构、学科方向、应用规律等方面还需要深入挖掘和研究。本次高端论坛旨在从理论和实践两方面研讨与探究研究生教育中的矛盾与规律，促进研究生教育学学科的发展与繁荣。

2016年11月10—11日，中国学位与研究生教育学会2016年会员代表大会暨学术研讨会在西安召开。本次大会主题是“改革创新，特色发展，建设研究生教育强国”。大会主题鲜明、内容充实、结构紧凑，提升了与会者的思维视野和实际技能，增强了大家继续参与学位与研究生教育改革的信念，对推进研究生教育招生、培养和学位体制机制改革，优化研究生学科布局，提升研究生培养质量具有重要意义，影响深远。

（二）建设研究生教育质量大数据平台

要加强省级统筹，建立基于大数据分析的研究生教育质量检测与分析系统，开展研究生教育大数据分析，加强质量监测与调控，加强研究生教育发展趋势研究和宏观政策研究。开展研究生培养质量跟踪调查与反馈。精准的数据支持、全方位的跟踪调查，有助于研究生教育政府管理部门、研究生培养单位及时发现问题，有效解决问题。要从生源质量、培养质量和发展质量三方面，从多个维度对三个方面进行全方位的数据监测和收集，汇总整合成研究生培养的基本数据。通过对生源、培养和发展三方面质量相关信息的收集，以数据为依据为研究生教育管理者们提供切实可行的改进意见，帮助学校稳定提升研究生培养质量整体水平。要充分发挥第三方评价作用，充分调动行业部门或协会开展需求预测、标准衔接和质量认证的积极性，加快建立行业企业参与评价机制，吸收行业企业参与教育质量评估，把行业企业的评价作为衡量办学质量的一项重要指标。

构建信息化支撑服务体系成为我国研究生教育服务需求、提高质量的基本前提。要着力推进信息化研究生教育资源的建设和共享，构建信息化学习与教学环境，满足个性化学习需求。要建立覆盖所有培养单位的研究生教育管理信息体系，加强中央政府研究生教育主管部门、省级政府研究生教育主管部门、研究生培养单位之间学位与研究生教育资源数据库和信息管理系统的互联与互通，建设纵向贯通、横向关联的教育管理信息化系统。要加强学位与研究生教育质量信息平台建设，建设在学研究生学业信息管理系统，建立研究生教育质量信息分析和预警机制。

第二章　研究生教育质量数析

2016 年是“十三五”规划的开局之年，以提高质量为中心、以服务需求为导向，研究生教育内涵发展的特征更加突出。政策导向方面，国家坚持教育优先发展战略，习近平总书记在全国“科技三会”、哲学社会科学工作座谈会、卫生与健康大会、高校思想政治工作会议等重要会议上发表重要讲话；李克强总理多次主持召开国务院常务会议，就加快建设高水平大学、培养创新型人才提出明确要求。这些新精神、新要求为我国研究生教育工作指明了方向。培养模式改革方面，注重专业学位研究生培养与行业需求对接，实行产学结合，注重学术学位研究生培养与国家重大科研项目对接，实行科教融合，同时注重加强科学道德和学风建设。质量保障与评估方面，教育行政部门、学术组织、行业部门和社会机构相互配合的“五位一体”质量保障体系深入实施，完成 205 个学位授予单位学位授权点动态调整工作，撤销授权点 576 个，增列 367 个，顺利完成“瘦身”“强体”。国际影响力方面，我国已与 46 个国家签署了学历学位互认协定。2016 年来华攻读研究生学位的有 63867 人，同比增加 19.22%。一批学科接近或达到世界一流水平，一批高水平大学在生命科学、物理学、化学等基础学科领域取得重大原创性成果，国际影响力大幅提升。[①]

一、研究生教育发展基本概况[②]

2016年全国共有研究生培养单位793个

研究生培养单位保持稳定。2016 年全国共有研究生培养单位 793 个，比 2015 年增加了 1 个，其中普通高校 576 个、科研机构 217 个。

① 刘延东同志在国务院学位委员会第三十三次会议上的讲话[EB/OL].[2017-01-23]. http://www.moe.gov.cn/jyb_xwfb/moe_176/201703/t20170313_299224.html.

② 2016 年教育数据统计来自教育部发展规划司编印的《中国教育事业发展统计简况》。

2016年在校研究生共计1981051人

在校研究生人数稳步增长。2016 年在校研究生共计 1981051 人，同比增长 3.52%。其中，博士研究生共计 342027 人，占比 17.26%；硕士研究生 1639024 人，占比 82.74%。按学位类型区分，学术学位研究生共计 1244750 人（博士研究生 333076 人，硕士研究生 911674 人），占比 62.83%；专业学位研究生 736301 人（博士研究生 8951 人，硕士研究生 727350 人），占比 37.17%。在校研究生中，学术学位博士研究生占 16.81%，专业学位博士研究生占 0.45%；学术学位硕士研究生占 46.02%，专业学位硕士研究生占 36.72%。2016 年在校研究生构成如图 2-1 所示。

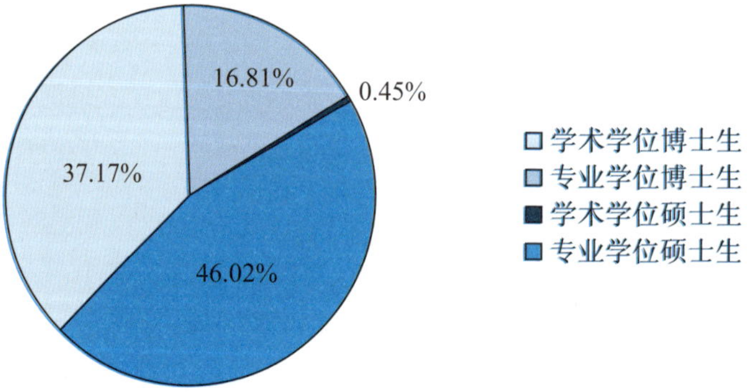

图2-1　2016年在校研究生构成

2016年共招收研究生667064人，招收的硕士研究生中，专业学位硕士研究生占比为47.44%

研究生招生人数稳步增长。2016 年共招收研究生 667064 人，同比增长 3.41%。按招收层次分析，全年共招收博士研究生 77252 人（学术学位博士研究生 74743 人，专业学位博士研究生 2509 人），硕士研究生 589812 人（学术学位硕士研究生 309990 人，专业学位硕士研究生 279822 人）。招收的硕士研究生中，专业学位硕士研究生占比为 47.44%，同比提高 1.5%。从各学科招生人数来看，2016 年招收研究生人数最多的是工学，招收研究生 232414 人，占比 34.86%。招生规模排名第二位和第三位的分别是管理学和医学，分别占比为 12.75% 和

11.90%。招收研究生人数较少的是军事学、哲学和历史学，分别占比 0.03%、0.65% 和 0.88%。2016 年分学科招收研究生人数和比例详见表 2-1 和图 2-2。

表2-1　2016年分学科招收研究生人数

学科门类	研究生／人	博士研究生／人	硕士研究生／人
哲　学	4319	853	3466
经济学	30396	2809	27587
法　学	43531	3834	39697
教育学	37569	1452	36117
文　学	33561	2520	31041
历史学	5884	997	4887
理　学	66199	16084	50115
工　学	232414	29643	202771
农　学	26941	3480	23461
医　学	79341	10463	68878
军事学	185	29	156
管理学	84989	4369	80620
艺术学	21451	719	20732
合　计	667064	77252	589812

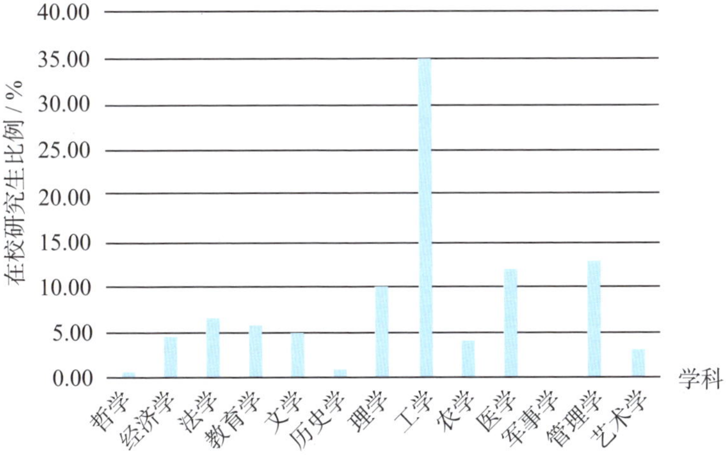

图2-2　2016年各学科门类招收研究生所占比例

2016年共毕业研究生563938人

毕业研究生人数增长速度略有放缓。2016 年共毕业研究生 563938 人，同比增加 2.25%，与 2015 年增长速度相比放慢 0.67%。毕业研究生中，博士毕业生 55011 人，硕士毕业生 508927 人。2016 年毕业研究生人数最多的是工学毕业生，有近 20 万人。除工学外，毕业研究生超过 5 万人的学科门类还有管理学（71998 人）、医学（65798 人）。毕业研究生 5000 人以内的学科有军事学（195 人）、哲学（3879 人）。毕业博士研究生人数超过万人的学科门类为工学、理学，介于万人和千人的学科门类有医学、管理学、法学、农学、经济学、文学、教育学七个学科门类，低于千人的有军事学、艺术学、哲学、历史学四个学科门类。毕业硕士研究生超过 5 万人的学科有工学、管理学和医学等三个学科门类。2016 年分学科毕业研究生人数和比例详见表 2-2 和图 2-3。

表2-2　2016年分学科毕业研究生人数

学科门类	毕业研究生/人	毕业博士研究生/人	毕业硕士研究生/人
哲　学	3879	633	3246
经济学	26978	2046	24932
法　学	39576	2661	36915
教育学	31427	1023	30404
文　学	31123	1852	29271
历史学	5164	674	4490
理　学	51437	11589	39848
工　学	196635	19067	177568
农　学	21785	2445	19340
医　学	65798	9211	56587
军事学	195	24	171
管理学	71998	3237	68761
艺术学	17741	549	17192
合　计	563938	55011	508927

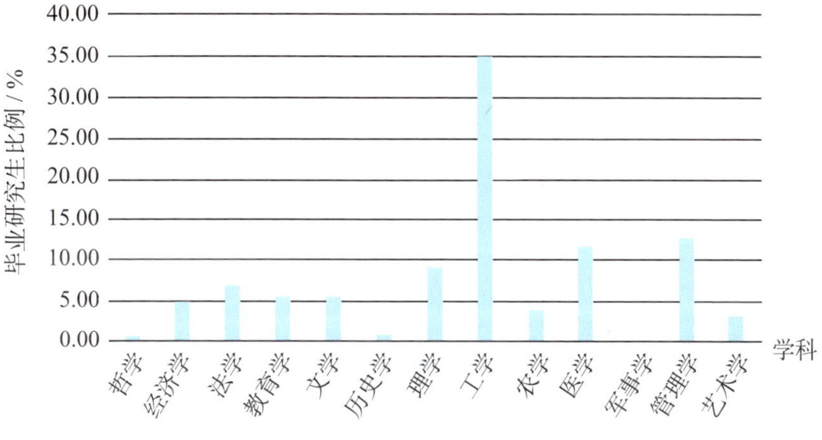

图2-3　2016年各学科门类毕业研究生所占比例

2015年，全国教育经费总投入为36129.19亿元，同比增长10.13%

国家教育经费投入较快增长，但区域差异明显。2015 年全国国内生产总值为 685505.8 亿元，国家财政性教育经费占国内生产总值比例为 4.26%，比上年的 4.10% 提高了 0.16 百分点。2015 年，全国教育经费总投入为 36129.19 亿元，同比增长 10.13%。2015 年全国普通高等学校生均公共财政预算教育事业费支出为 18143.57 元，同比增长 12.67%；2015 年高校生均公共财政预算教育事业费排在前三名的地区分别是北京市（61343.96 元）、西藏自治区（34219.19 元）和上海市（30081.89 元），排在后三名的地区分别是湖南省（11137.42 元）、山西省（11795.65 元）和安徽省（12253.01 元）。高校生均公共财政预算教育事业费方面，排名第一的北京市是排名最后的湖南省的 5.51 倍；2015 年，只有湖南省出现负增长（－9.73%），其他 30 个省、自治区、直辖市均呈现正增长，其中宁夏回族自治区增长最快，增长率为 54.79%。增长率超过 30% 的地区还有湖北省（34.03%）、吉林省（34.38%）、新疆维吾尔自治区（35.64%）、青海省（46.68%）和西藏自治区（50.65%）。①

① 教育部，国家统计局，财政部.关于2015年全国教育经费执行情况统计公告[EB/OL].[2016-10-30].http://moe.edu.cn/srcsite/A05/s3040/201611/t20161110_288422.html.

2015年，全国共投入研究与试验发展经费达14169.9亿元

研究与试验发展（R&D）经费同比增长明显。2015 年，全国共投入 R&D 经费达 14169.9 亿元，同比增长 8.9%；R&D 经费投入强度（与国内生产总值之比）为 2.07%，连续 3 年超过 2%。人均方面，按研究与试验发展人员（全时工作量）计算的人均经费为 37.7 万元，比上年增加 2.6 万元。按研究活动类型分析，2015 年全国用于基础研究的经费为 716.1 亿元，同比增长 16.7%；应用研究经费支出 1528.7 亿元，同比增长 9.3%；试验发展经费支出 11925.1 亿元，同比增长 8.4%。基础研究、应用研究和试验发展占 R&D 经费总支出的比重分别为 5.1%、10.8% 和 84.1%。按活动主体分析，各类企业经费支出为 10881.3 亿元，同比增长 8.2%；政府属研究机构经费支出 2136.5 亿元，同比增长 10.9%；高等学校经费支出 998.6 亿元，同比增长 11.2%。企业、政府所属研究机构、高等学校经费支出所占比重分别为 76.8%、15.1% 和 7.0%。①

研究生国家奖学金共计奖励研究生4.5万人，研究生学业奖学金共奖励研究生132.18万人

研究生资助政策体系日趋完善，资助金额逐年增长。国家建立了研究生国家奖学金、国家助学金、学业奖学金、“三助”岗位津贴、国家助学贷款、基层就业学费补偿贷款代偿、应征入伍国家资助、校内奖助学金及新生入学“绿色通道”等相结合的资助政策体系。2016 年，在财政部、教育部等中央有关部门和各级地方政府以及各研究生培养单位的共同努力下，研究生资助水平进一步提高。研究生国家奖学金共计奖励研究生 4.5 万人，奖励金额总计 10 亿元。其中，奖励硕士研究生 3.5 万人，奖励金额 7.00 亿元；奖励博士研究生 1 万人，奖励金额 3.00 亿元（该奖项自 2012 年秋季学期开始实施，以奖励特别优秀的研究生）。研究生学业奖学金共奖励研究生 132.18 万人，是 2014 年的 2.04 倍。奖励金额 93.25 亿元，是 2014 年的 2.39 倍（该奖项自 2014 年秋季学期开始实施）。国家

① 国家统计局，科学技术部，财政部 . 2015 年全国科技经费投入统计公报 [EB/OL] . [2016-05-20] . http://www.stats.gov.cn/tjsj/zxfb/201611/t20161111_1427139.html.

助学金共资助研究生 174.58 万人，比 2014 年减少 34.05 万人；资金金额 109.93 亿元，是 2014 年的 1.97 倍（该奖项自 2014 年秋季学期开始实施）。研究生“三助”岗位津贴共资助 164.93 万人次，比 2014 年增加 39.61%；资金金额 45.39 亿元，是 2014 年的 1.57 倍[①]（表 2-3）。

国家助学金共资助研究生174.58万人，研究生“三助”岗位津贴共资助164.93万人次

表2–3 研究生所获资助情况统计

年份	国家奖学金		研究生学业奖学金		国家助学金		研究生“三助”岗位津贴	
	研究生奖励人数/万人	研究生奖励金额/亿元	研究生奖励人数/万人	研究生奖励金额/亿元	研究生资助人数/万人	研究生资金金额/亿元	研究生资助人次/万人次	研究生资助金额/亿元
2014	4.5	10	64.76	39.05	208.63	55.68	118.14	28.84
2015	4.5	10	100.31	70.41	314.23	106.11	137.43	36.33
2016	4.5	10	132.18	93.25	174.58	109.93	164.93	45.39

研究生广泛参与高等学校科技项目，为科技创新和发展贡献重要力量。根据教育部科学技术司的高等学校科技统计资料汇编的数据显示[②]，2015 年全国 1497 所设有理、工、农、医类教学专业的高等学校及其附属医院在基础研究、应用研究、试验发展以及 R&D 成果应用、其他科技服务等各层面开展的研究中，在读研究生成为研究的主体。此类研究项目总计 194264 项，参与研究与发展人员 107154 人，在读研究生 327002 人，参与该类项目的在读研究生人数是研究与发展人员的 3 倍（表 2-4）。

① 数据来自教育部公布的《2014 年中国学生资助发展报告》《2015 年中国学生资助发展报告》《2016 年中国学生资助发展报告》.

② 教育部科学技术司 .2016 年高等学校科技统计资料汇编［EB/OL］.［2017-03-29］. http://www.moe.edu.cn/s78/A16/A16_tjdc/201703/W020170303298684014598.pdf.

表2-4 2015年各类高等学校研究与发展机构及研究生参与情况（理工农医类）

学校类别	机构数/个	从事研究与发展人员/人						研究项目		
		合计	职称状况					项目数/项	当年投入人数/人	在读研究生/人
			高级职称	中级职称	初级职称	其他				
“211”及省部共建高等学校	3360	59753	37120	16367	4368	1899		120929	59753	222572
其他本科高等学校	4341	46414	23618	16304	5395	1097		72140	46414	104389
高等专科学校	184	987	476	402	97	13		1295	987	41
合计	7885	107154	61214	33073	9860	3009		194364	107154	327002

在教育部直属高校研究与发展项目中，项目数排前十位的分别是清华大学（7579 项）、浙江大学（7166 项）、中国农业大学（6025 项）、上海交通大学（5261 项）、北京交通大学（4809 项）、中山大学（4679 项）、华南理工大学（4384 项）、四川大学（4223 项）、复旦大学（4200 项）、吉林大学（4185 项）。参与项目在读研究生人数最多的 10 所高校分别是北京交通大学（14414 人）、浙江大学（13952 人）、吉林大学（10591 人）、中山大学（9779 人）、清华大学（9154 人）、上海交通大学（8979 人）、华中科技大学（8387 人）、天津大学（8345 人）、大连理工大学（7536 人）和北京科技大学（7320）。

二、2016年研究生教育质量分析①

2016 年是承上启下的一年，为我国“十三五”时期研究生教育的蓬勃迅速发展奠定了坚实基础，同时也逐步达到《国家中长期教育改革和发展规划纲要（2010—2020 年）》制订的发展目标。

① 数据来自教育部发展规划司编印的《中国教育事业发展统计简况》。

（一）研究生招生规模增幅减缓

2009—2016年，研究生招生规模年均增长率为3.88%

2006—2016 年，我国研究生招生规模持续增长，年均增长率为 5.30%，但自 2009 年以来年均增长率明显减小。2009—2016 年，研究生招生规模年均增长率为 3.88%，特点是稳中有增，增长的招生规模 90% 以上用于招收硕士研究生。2009—2016 年，硕士研究生招生规模从 449042 人增长到 589812 人，增长了 31.35%；博士研究生招生规模从 61911 人增长到 77252 人，增长了 24.78%。研究生招生情况如表 2-5 及图 2-4、图 2-5、图 2-6、图 2-7 所示。

表2-5　2006—2015年研究生招生及在校研究生规模情况

（单位：人）

年份	研究生招生情况			在校研究生情况		
	总数	博士	硕士	总数	博士	硕士
2006	397925	55955	341970	1104653	208038	896615
2007	418612	58022	360590	1195047	222508	972539
2008	446422	59764	386658	1283046	236617	1046429
2009	510953	61911	449042	1404942	246319	1158623
2010	538177	63762	474415	1538416	258950	1279466
2011	560168	65559	494609	1645845	271261	1374584
2012	589673	68370	521303	1719818	283810	1436008
2013	611381	70462	540919	1793953	298283	1495670
2014	621323	72634	548689	1847689	312676	1535013
2015	645055	74416	570639	1911406	326687	1584719
2016	667064	77252	589812	1981051	342027	1639024

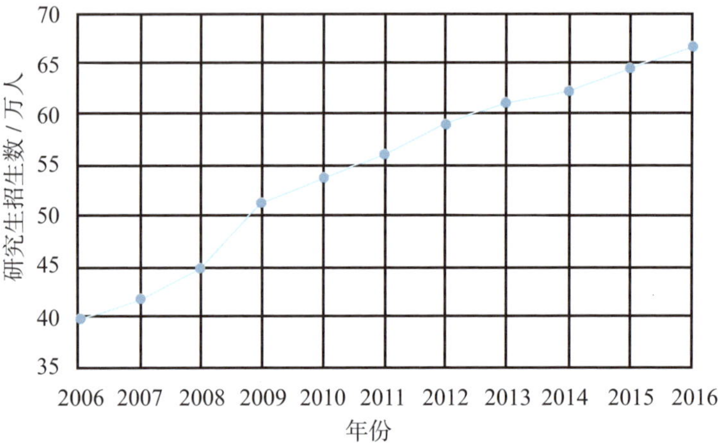

图2-4　2006—2016年研究生招生情况

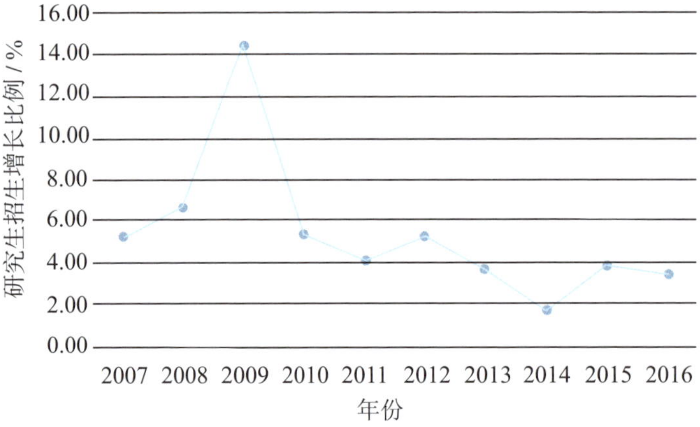

图2-5　2007—2016年研究生招生规模增长比例

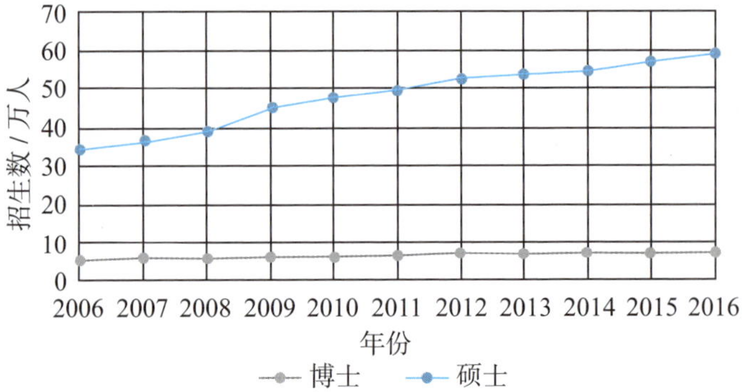

图2-6　2006—2016年博士研究生、硕士研究生招生情况

图2-7　2006—2016年博士研究生、硕士研究生招生增长比例

（二）研究生就业形势良好

2014 年，教育部发布了直属高校 2013 届毕业生的就业质量报告。此后，每年陆续发布 2014 届、2015 届、2016 届毕业生的就业质量报告。

33所有研究生总体就业率数据的高校中，研究生就业率超过95%的有25所

从 76 所直属高校公布的 2016 届毕业生就业质量年度报告分析，33 所有研究生总体就业率数据的高校中，研究生就业率超过 95% 的有 25 所，超过 99% 的有 6 所，分别是北京交通大学（99.06%）、北京中医药大学（99.20%）、华东理工大学（99.57%）、华南理工大学（99.57%）、北京邮电大学（99.85%）和中国戏剧学院（100.00%）；研究生就业率低于 90% 的高校有 2 所，分别是东北林业大学（85.78%）、陕西师范大学（88.86%）。

50所有硕士研究生就业率数据的高校中，43所高校的硕士研究生就业率超过95%

50 所有硕士研究生就业率数据的高校中，43 所高校的硕士研究生就业率超过 95%。其中 14 所高校在 99% 以上，排前三名的高校的是中国药科大学（99.89%）、北京邮电大学（99.85%）和中央财经大学（99.66%）。硕士研究生就业率低于 90% 的高校有 2 所，分别是东北林业大学（86.00%）与华中师范大学（89.70%）。

49 所有博士研究生就业率数据的高校中，博士研究生就业率超过 95% 的有 39 所，超过 99% 的有 13 所。其中，北京邮电大学、中央音乐学院、合肥工业大学等 3 所高校博士研究生就业率达 100%。博士研究生就业率低于 90% 的高校有 3 所，分别是东北林业大学（83.48%）、华中农业大学（86.31%）和中山大学（88.63%）。

49所有博士研究生就业率数据的高校中，博士研究生就业率超过95%的有39所

从 7 所工业与信息化部直属高校公布的 2016 届毕业生就业质量报告分析，3 所高校有研究生总体就业数据，分别为北京理工大学（98.58%）、哈尔滨工程大学（94.49%）、南京理工大学（99.67%）。

7 所高校都有硕士研究生就业率数据，而且 7 所高校的硕士研究生就业率都超过 95%。其中，3 所高校的硕士研究生就业率超过 99%，分别为南京理工大学（99.74%）、北京航天航空大学（99.72%）和南京航天航空大学（99.45%）。

7所工业与信息化部直属高校的硕士研究生就业率都超过95%

6 所有博士研究生就业率数据的高校中，博士研究生就业率超过 95% 的高校有 5 所。其中，有 3 所超过 99%，分别为哈尔滨工业大学（99.39%）、南京理工大学（99.30%）和北京航天航空大学（99.00%）。

（三）研究生参与科技创新比例小幅增长

研究生是科技创新活动的生力军，也是我国创新型国家建设的重要力量。依托科研项目培养研究生，是科技创新的一种组织形式，也是研究生培养的重要途径。

2016年研究生参与国家自然科学基金项目累计137270人次

国家自然科学基金资助项目作为国家层面的高水平科研项目，每年都有一大批优秀研究生积极参与。根据国家自然科学基金委公布的《2016 国家自然科学基金资助项目统计资料》，按项目组成员组成统计，研究生参加当年获得资助的国家自然科学基金面上项目、青年科学基金项目、地区科学基金项目和重点项目累计137270 人次。其中，博士研究生 54407 人次，硕士研究生 82863 人次。① 按照研究生参与人数分析，2016 年博士研究生、硕士研究生累计参与人次最多的是面上项目，分别有 33291 人次与 42333 人次。按照研究生参与比例分析，重点项目组成员中博士研究生比例最高，为 30.86%；地区项目组成员中硕士研究生比例最高，约占 33.17%。研究生参与 2016 年国家自然科学基金项目的人次及比例如表 2-6 所示。

表2-6 研究生参与2016年国家自然科学基金项目的人次及比例

项目类别	项目组成员中博士研究生参与情况		项目组成员中硕士研究生参与情况		研究生参与情况合计	
	人次	比例/%	人次	比例/%	人次	比例/%
面上项目	33291	23.86	42333	30.34	75624	54.19
青年项目	17204	16.70	30889	29.98	48093	46.68
地区项目	1193	5.24	7555	33.17	8748	38.41
重点项目	2719	30.86	2086	23.67	4805	54.53

备注：表中数据来自国家自然科学基金委员会编写的《2016 年度国家自然科学基金资助项目统计资料》

① 国家自然科学基金委员会 .2016 国家自然科学基金资助项目计［EB/OL］.［2017-05-30］.http://www.nsfc.gov.cn/nsfc/cen/xmtj/pdf/2016_table.pdf.

（四）研究生指导教师增长幅度超过在校研究生

研究生指导教师队伍的数量、质量和结构是保证研究生教育质量的核心支撑条件。我国研究生指导教师从 2007 年的 206034 人增长到 2016 年的 378947 人，增长了 83.92%。与此同时，在校研究生从 2007 年的 1195047 增长到 1954755，增长率为 63.57%。研究生指导教师的增幅超过在校研究生的增幅。2016 的生师比为 5.2 ： 1，该比值是 2007 年以来最低，表明研究生指导教师的供给不断增加。研究生指导教师和在校研究生增长情况及生师比变化情况如表 2-7 所示、图 2-8 所示。

2016年的生师比为5.2 ： 1

表2–7　2007—2016年研究生指导教师和在校研究生数及生师比情况

年　份	研究生指导教师数 / 人	在校研究生数 / 人	生师比
2007	206034	1195047	5.8：1
2008	223944	1283046	5.7：1
2009	239857	1404942	5.9：1
2010	260465	1538416	5.9：1
2011	272487	1645845	6.0：1
2012	298438	1719818	5.8：1
2013	315815	1793953	5.7：1
2014	337139	1847689	5.5：1
2015	363218	1911406	5.3：1
2016	378947	1954755	5.2：1

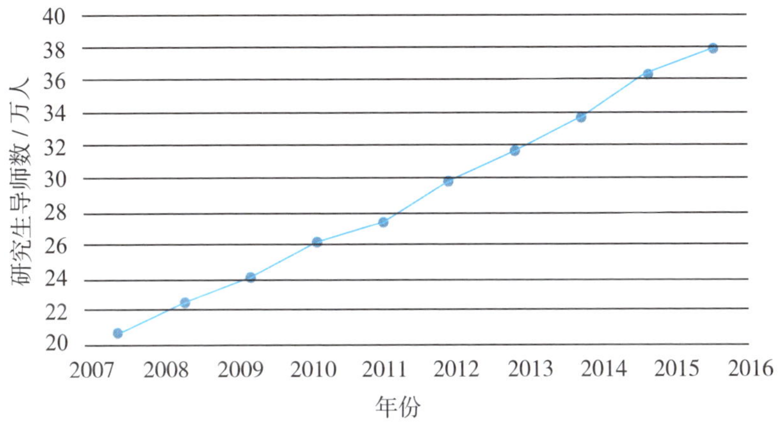

图2-8　2007—2016年研究生指导教师数的增长情况

中级职称的研究生指导教师在2016年达到24940名

从研究生指导教师的职称结构分析，正高级、副高级及中级职称教师占比分别为 48.05%、45.37% 以及 6.58%，高级职称教师占研究生指导教师的主体。从数量上分析，中级职称教师是研究生指导教师的主要增长方面。中级职称的研究生指导教师在 2016 年达到 24940 名，比 2010 年的 7469 名增加了两倍多。这表明大量优秀的青年教师被吸纳进研究生指导教师队伍，打破了以往研究生指导教师的身份固化，研究生指导资格主要是与研究生指导教师的能力挂钩，而不是与研究生指导教师的职称挂钩。研究生指导教师职称结构情况如表 2-8 所示。

表2-8　研究生指导教师职称结构情况

年份	正高级 / %	副高级 / %	中级 / %
2008	51.94	46.34	1.72
2009	51.20	46.56	2.24
2010	50.97	46.16	2.87
2011	49.68	46.88	3.44
2012	49.13	46.88	3.44
2013	48.93	46.46	4.61

续表

年份	正高级 / %	副高级 / %	中级 / %
2014	49.08	45.97	4.95
2015	48.66	45.33	6.00
2016	48.05	45.37	6.58

（五）专业学位研究生招生占比进一步提高

2016年，专业学位研究生招生数超过28万人

我国研究生发展类型从学术型为主向学术型与专业型并重转变。2016 年，专业学位研究生招生数超过 28 万人，占研究生招生总人数的 42.3%；在校专业学位研究生约 73.63 万人，占在校研究生数的 37.2%。2016 年在校专业学位研究生是 2009 年的 5.7 倍。专业学位研究生增长情况如表 2-9、图 2-9 所示。

表2-9　2009—2016年专业学位研究生统计数据

年份	研究生招生总数 / 人	专业学位招生数 / 人	专业学位招生占比 / %	在校研究生数 / 人	专业学位在校生数 / 人	专业学位在校生占比 / %
2009	510953	72239	14.1	1404942	128325	9.1
2010	538177	119299	22.2	1538416	221664	14.4
2011	560168	159942	28.6	1645845	338042	20.5
2012	589673	198883	33.7	1719818	449674	26.1
2013	611381	228578	37.4	1793953	546386	30.5
2014	621323	240762	38.7	1847689	612854	33.2
2015	645055	263642	40.9	1911406	673000	35.2
2016	667064	282331	42.3	1981051	736301	37.2

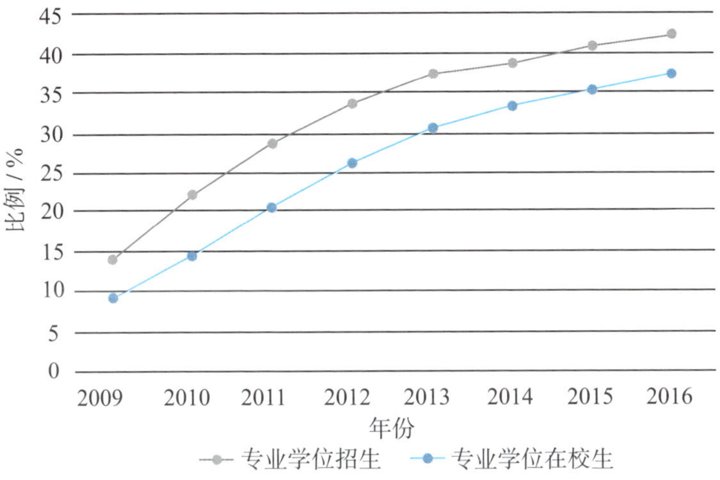

图2-9　2009—2016年专业学位研究生增长情况

（六）来华留学研究生人数快速增长

来华留学研究生教育是我国研究生教育国际化水平的重要体现，也是我国研究生教育综合实力的重要反映。近几年来，随我国经济的发展和研究生教育质量的提升，来华留学生持续快速增长，来华攻读博士、硕士学位的留学生规模也持续快速增长，来华留学生的结构日趋优化。

2016年来华攻读研究生学位的有63867人，同比增加19.22%，其中攻读硕士学位45816人，攻读博士学位18051人

2016 年共有 442773 人各类来华留学生。其中，接受学历教育有 209966 人，占来华生总数的 47.42%。2016 年来华攻读研究生学位的有 63867 人，同比增加 19.22%。其中，攻读硕士学位 45816 人，攻读博士学位 18051 人。来华留学攻读学位的研究生在来华留学生中的占比为 14.42%，在来华接受学历教育留学生中的占比为 30.42%。2009—2016 年，来华留学的博士研究生从 4751 人增长到 18051 人，硕士研究生从 14227 人增长到 45816 人。来华留学研究生在留学生总体中的比例逐年提高，从 7.97% 增长到 14.42%。留学研究生在来华接受学历教育的留学生中比例从 20.31% 提高到 30.42%。来华留学生的硕士研究生和博士研究生的比例有下降趋势，2016 年为 2.5 : 1。来华留学研究生增长情况如表 2-10、表 2-11 及图 2-10、图 2-11 所示。

表2-10　2009 — 2016年来华留学研究生基本情况

年份	来华留学人数 / 人	学历教育人数 / 人	研究生人数 / 人	硕士研究生人数 / 人	博士研究生人数 / 人
2009	238184	93450	18978	14227	4751
2010	265090	107432	24866	19040	5826
2011	292611	118837	30376	23453	6923
2012	328330	133509	36060	27757	8303
2013	356499	147890	40602	30828	9774
2014	377054	164394	47990	35876	12114
2015	397635	184799	53572	39205	14367
2016	442773	209966	63867	45816	18051

备注：2009—2013 年数据来自教育部国际合作与交流司编写的各年度《来华留学生简明统计》，2014—2016 年数据来自教育部官网公开发布的全国来华留学生数据。

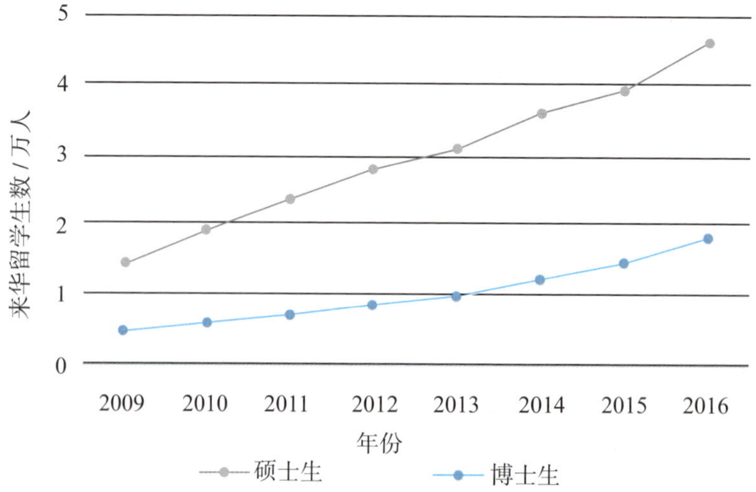

图2-10　2009—2016年来华留学研究生人数增长情况

为提高来华留学攻读研究生学位的吸引力，国家在 2016 年继续扩大了中国政府奖学金规模，2016 年 49022 名来华留学生获得中国政府奖学金，占来华留学生总数的 11.07%。

表2-11 2009—2016年留学研究生的相对数量及增长情况

年份	留学研究生占留学生总体的比例 / %	留学研究生占学历教育留学生的比例 / %	留学硕士研究生和博士研究生比值	留学研究生增长率 / %	留学硕士研究生增长率 / %	留学博士研究生增长率 / %
2009	7.97	20.31	2.99	32.89	37.15	21.57
2010	9.38	23.15	3.27	31.03	33.83	22.62
2011	10.38	25.56	3.39	22.16	23.18	18.83
2012	10.98	27.01	3.34	18.71	18.35	19.93
2013	11.39	27.45	3.15	12.59	11.06	17.72
2014	12.73	29.19	2.96	18.20	16.37	23.94
2015	13.47	28.99	2.73	11.63	9.28	18.6
2016	14.42	30.42	2.54	19.22	16.86	25.64

备注：数据来自教育部公布的来华留学生数据统计

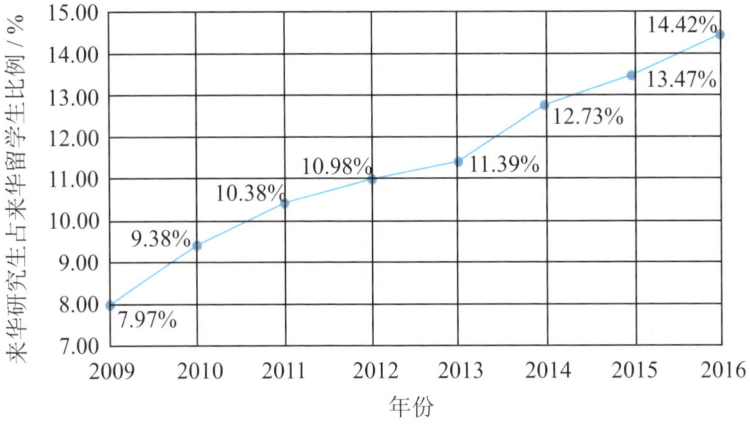

图2-11 2009—2016年来华留学研究生占来华留学生的比例增长

三、2016年研究生教育质量指数构建

尽管研究生教育质量是一个多维度、多层面的概念，难以把握，更难以进行绝对的度量，但可以通过核心指标构建研究生教育质量指数（Graduate Education Quality Index，GEQI），反映不同时间或空间条件下研究生教育质量变动方向和变动程度的相对数。[①] 质量指数能够简明直观地反映、监测研究生教育的质量状态，既可以让社会公众对研究生教育质量有更为直观的感知，也可以推动教育系统内部科学认知研究生教育质量的内涵。不同的利益主体基于各自的质量立场可以构建各自的质量指标体系，在选定分指标的前提下，可以通过差距率计算、标杆比较（Benchmarking）等方法可计算分指标得分，在分指标权重确定或设定的基础上即可算出相应的总指数。

为反映研究生教育质量状态，特别是监测研究生教育质量发展状态，本报告在2016年以5个维度、8项观测指标为基础构建了首个研究生教育质量指数，对年度研究生教育质量进行了直观有效的表征。根据这一基础，并考虑指标数据的相关性、可获得性、连续性以及相对稳定性、可监测性等，本报告对研究生教育质量指数进行了修正，去掉“博士学位论文抽检合格比例”这一指标，并对各项指标赋予同等权重来计算总的指指数。修正后的研究生教育质量指数具体构成如表2-12所示。

表2-12　研究生教育质量指数构成

	观测维度	观测指标	指标分值计算方法
研究生教育质量指数（GEQI）	规模结构质量	研究生招生规模增幅	（本年度观测值/上年度观测值）*100
研究生教育质量指数（GEQI）	规模结构质量	专业学位研究生招生比例	（本年度观测值/上年度观测值）*100
研究生教育质量指数（GEQI）	资源支撑	师生比	（本年度观测值/上年度观测值）*100
研究生教育质量指数（GEQI）	培养质量	研究生参与科技创新率	（本年度观测值/上年度观测值）*100
研究生教育质量指数（GEQI）	培养质量	研究生满意度	（本年度观测值/上年度观测值）*100
研究生教育质量指数（GEQI）	对创新型国家建设贡献度	具有研究生学历的就业人员比例	（本年度观测值/上年度观测值）*100
研究生教育质量指数（GEQI）	国际化	来华留学研究生增幅比例	（本年度观测值/上年度观测值）*100

① 翟亚军，王战军，彭方雁．研究生教育质量的指数测度方法——对“985工程”一期教育部直属高校的实证分析［J］．教育研究，2012（2）:79—83.

根据上述构建规则，可以算出2016年的研究生教育质量指数分项指标结果如表2-13所示。

表2–13 研究生教育质量指数观测指标计算结果

观测指标	基准值*	观测值	指标分值
研究生招生规模增幅	3.82%	3.41%	89.3
专业学位研究生招生比例	40.9%	42.3%	103.4
师生比	1 : 5.3	1 : 5.2	101.9
研究生参与科技创新率*	37.27%	36.88%	99.0
研究生满意度	71.7%	70.7%	98.6
具有研究生学历的就业人员比例	0.51%（2013）	0.55%（2014）	107.8
来华留学研究生增幅比例	13.47%	19.22%	142.7

备注：①本表中基准值未注明年份的均指2015年数据，观测值为2016年数据；由于数据公开滞后等原因，“具有研究生学历的就业人员比例”以2013年数据为基准值，以2014年数据为观测值。②“研究生参与科技创新率”的操作定义为：［国家自然科学基金委年度报告中研究生参与当年项目的人次数/（当年博士生招生人数+当年硕士生招生人数/2）］*100%。③研究生满意度数据为北京理工大学研究生教育研究中心的调查结果。④博士学位论文抽检数据依据国务院学位办公布的抽检结果进行转换计算得到。⑤具有研究生学历的就业人员比例数据来自《中国人口和就业统计年鉴》。

从观测指标分值计算结果可以看出，当前构成研究生教育质量指数的观测指标发展不平衡，发展方向有正有负，变化幅度有大有小。研究生招生规模增长，但增幅有约1/10的减小，表明研究生教育在注重规模适度增长的同时更加强调内涵发展。专业学位研究生招生比例继续增长，表明专业学位研究生教育优先发展的战略在继续实施。导师与研究生的比例继续优化，表明研究生指导力量供给增加。研究生参与科技创新率、研究生满意度基本持平，呈现阶段性特征。具有研究生学历的就业人员比例有一定幅度的增长，表明研究生教育对服务社会需求、建设创新型国家的贡献在增大。来华留学研究生大幅增加，增长幅度超过四成，表明我国研究生教育的国际影响力在显著提高，对外国留学生的吸引力越来越大。根据本章提出的算法及其意义，可以得到研究生教育质量指数为 106.1，这表明研究生教育质量处于稳步增长状态。总体而言，研究生教育质量在保持基本稳定的同时更加体现内涵发展的阶段性特征，稳中有升，为“十三五”期间的研究生教育发展奠定了良好的基础。

研究生教育质量在保持基本稳定的同时更加体现出内涵发展的阶段性特征，稳中有升

四、研究生教育质量问题分析

在学位与研究生教育“服务需求，提高质量”的发展主线和“双一流”建设背景之下，对研究生教育质量应该有科学的认识，对存在的质量问题要有准确的判断。当前，研究生教育质量既稳中有升，同时在培养模式、发展制度、德育工作等多个方面存在深层次问题和不足。

1. 专业学位研究生教育内涵发展不足

应用型人才培养内涵不足

专业学位研究生教育是以培养高层次应用型人才为指向的研究生教育。优先发展专业学位研究生教育是学位与研究生教育在新时期的重大发展战略，特别是硕士研究生教育，要以培养应用型高层次人才为主。2016 年，硕士研究生招生规模为 589812 人。其中，专业学位硕士研究生人数为 279822 人，占比与 2015 年相比继续提高，达到 47.44%，但仍然低于 50%。按 1.5% 增速，要到 2018 年才能实现占比过半的目标。同时，专业学位研究生教育培养模式存在对学术学位研究生教育培养模式的路径依赖，应用型人才培养内涵不足，还不能有效满足社会需求。

2. 研究生就业质量信息公开不够

质量信息公开是研究生教育发展的重要制度环境。就业是研究生教育与社会对接的出口，就业信息是研究生教育质量信息的重要组成部分。根据部分高校2016年毕业生就业质量报告分析，研究生就业信息公开尚未得到充分重视，缺乏此类信息公开的全国性平台，信息收集较为困难，且存在数据缺失和信息不足，横向数据之间难以比较，数据缺乏有效利用等问题。从已公开的就业信息难以对研究生培养质量进行研判，也未体现就业对培养过程的反馈机制，说明还未能形成研究生就业与招生、培养之间的有效联动机制。

研究生就业信息公开尚未得到充分重视

3. 研究生德育工作水平有待提升

立德树人是研究生教育的根本使命，德育工作是人才培养过程不可或缺的重要组成部分，德育工作有助于培养研究生的创新精神和学术道德。时有发生的研究生学术不端事件从一个侧面反映了德育工作水平和研究生教育质量。习近平总书记在全国高校思想政治工作会议中强调，“做好高校思想政治工作要因事而化、因时而进、因势而新”。当前德育工作在研究生教育中的重要作用未能得到充分体现，存在弱化甚至忽视的不良倾向，而且在德育过程中存在工作方法欠缺，与专业教育表现为两张皮，未能有机融合，德育工作水平、工作效果有待提升。

德育过程中存在工作方法欠缺，与专业教育表现为两张皮，未能有机融合

第三章　2016年度研究生教育质量事件、单位、人物

研究生教育质量的年度事件、单位和人物在一定程度上可以反映和体现年度研究生教育质量的热点与社会关注点变化情况。本报告评选出研究生教育领域的十大事件、两个研究生培养单位和一位年度人物，以此来呈现2016年度我国在提高研究生教育质量过程中采取的政策举措、实施成效及社会影响。

一、2016年度研究生教育质量事件

2016年，我国研究生教育领域继续深化改革，并采取系列政策措施促进研究生教育质量提高。其中，围绕研究生教育质量建设、“双一流”研究生教育体系建设、学位授权点专项评估和动态调整等成为社会关注的热点，产生了广泛的社会影响。

（一）国家学位管理最高机构召开会议，聚焦研究生教育质量发展

国家高度重视研究生教育质量发展。2016年1月8—9日，国务院学位委员会第三十二次会议在北京召开。中共中央政治局委员、国务院副总理、国务院学位委员会主任委员刘延东出席会议并作重要讲话。她强调要准确把握“十三五”的新形势、新要求，以服务需求、提高质量为主线，提前谋划，前瞻部署，统筹好服务需求与优化结构的对接，着力深化研究生培养模式改革，坚持立德树人，科教结合，创新评价机制，统筹推进世界一流大学和一流学科建设，推动研究生教育发展迈上新台阶。本次会议议定了以下重要事项：①审议并原则通过了《关于第三十一次会议以来开展的主要工作和下一阶段工作的考虑》；②通过了《增列“网络空间安全”一级学科博士学位授权点名单》；③通过了《2014年学位授权点专项评估结果》；④审议了《研究生教育发展“十三五”规划》；⑤审议了《关

于深化博士硕士学位授权审核办法改革的意见》；⑥审议了《博士生导师学术指导职责指南》；⑦审议了《涉密研究生与涉密学位论文管理办法》。这些政策措施，对促进研究生教育质量发展起到了重要的指导和保障作用。

（二）教育部统筹管理全日制和非全日制研究生，坚持同一质量标准

基本制度建设是研究生教育质量发展的重要内容。2016 年 9 月 14 日，教育部办公厅印发《关于统筹全日制和非全日制研究生管理工作的通知》，规定 2016 年 12 月 1 日后录取的研究生从培养方式上按全日制和非全日制形式区分，由此推进全日制和非全日制研究生教育协调发展，促进全日制和非全日制研究生教育规范管理。同时严格要求各高校做好五项工作：准确界定全日制和非全日制研究生；统一下达全日制和非全日制研究生招生计划；统一组织实施全日制和非全日制研究生招生录取；坚持全日制和非全日制研究生教育同一质量标准；做好全日制和非全日制研究生学历学位证书管理工作。①

全日制和非全日制研究生实行相同的考试招生政策和培养标准，其学历学位证书具有同等法律地位和相同效力。各培养单位须根据研究生学习形式和生源特点，制订全日制和非全日制研究生培养方案，坚持同一标准，保证同等质量。为保障非全日制研究生培养和学位授予质量，教育部将把非全日制研究生教育纳入学位授权点合格评估范围，非全日制研究生的学位论文也将纳入抽检范围。这对推进依法行政和依法办学、促进学习型社会建设、推动研究生教育科学管理具有重要意义，为今后研究生教育可持续发展的基本走向奠定了基调。②有关评论指出，对全日制和非全日制研究生，坚持同一质量标准，统筹管理，这也是《中华人民共和国学位条例》依法归位的法定体现，体现了对非全日制研究生教育人才培养的深层次规律的再认识，也彰显了当今研究生教育体系高质量的发展趋势。③

---

① 教育部办公厅关于统筹全日制和非全日制研究生管理工作的通知［EB/OL］.［2016-09-14］.http://www.moe.edu.cn/srcsite/A22/moe_826/201609/t20160914_281117.html.

② 关于统筹全日制和非全日制研究生管理有关工作答记者问［EB/OL］.［2016-09-14］.http://www.moe.edu.cn/jyb_xwfb/s271/201609/t20160914_281149.html.

③《关于统筹全日制和非全日制研究生管理工作的通知》全文及解读［EB/OL］.［2016-09-14］.http://www.yjbys.com/gongwuyuan/show-522608.html.

（三）国家加强学位授权点专项评估，动态调整学位授权点

4个博士学位授权点、4个硕士学位授权点和42个专业学位授权类别（领域）的评估结果为“不合格”

强化学位授权点评估整改，是保障研究生教育质量发展的重要手段。2016年3月16日，国务院学位委员会公布了2014年学位授权点专项评估结果。此次专项评估结果由国务院学位委员会第三十二次会议审议通过，共有41个研究生培养单位的4个博士学位授权点、4个硕士学位授权点和42个专业学位授权类别（领域）的评估结果为“不合格”。评估结果为“合格”的学位授权点，可继续行使学位授权。评估结果为“限期整改”的学位授权点，自发文之日起进行为期2年的整改，2016年招生工作结束后暂停招生。整改结束后接受复评，复评结果为“合格”的恢复招生，复评结果达不到“合格”的撤销学位授权。评估结果为“不合格”的学位授权点，自发文之日起撤销学位授权，5年之内不得重新申请。2016年招生工作结束后不得招生，在学研究生按原渠道培养、授予学位。撤销的学位授权点数，由各省级学位委员会按规定统筹用于本地区学位授权点动态调整，但不得用于本次按“不合格”撤销学位授权点的学位授予单位。学位授予单位主动提出放弃授权的学位授权点，自发文之日起撤销学位授权。撤销的学位授权点数优先用于放弃授权点的学位授予单位，进行学位授权点动态调整。限期整改和撤销授权的博士学位授权点，其同一学科的硕士学位授权点继续行使硕士学位授权并招收硕士研究生。①

全国205个学位授予单位共撤销授权点576个、增列367个

2016年9月23日，国务院学位委员会正式公布《关于下达2016年动态调整撤销和增列的学位授权点名单的通知》。全国205个学位授予单位完成了学位授权点动态调整，共撤销授权点576个、增列367个，既“瘦了身”，又“强了

① 国务院学位委员会关于下达2014年学位授权点专项评估结果及处理意见的通知[EB/OL].[2016-03-25].http://www.moe.edu.cn/srcsite/A22/moe_818/moe_820/201603/t20160325_235327.html.

体”。[1] 撤销的学位点包括大量博士学位授权点，涉及25个省份的175所高校。从撤销学位点较多的学科来看，软件工程最多，共有36个软件工程学位点被撤销；从撤销学位点较多的省份来看，北京市撤销最多，高达71个；从撤销学位点较多的高校来看，浙江大学此次撤销学位点最多，高达34个。[2] 此外，共有25个省份的178所高校增列了367个学位点。

（四）国家“双一流”战略政策引领建设一流研究生教育体系

“985工程”“211工程”成为历史

研究生教育是最高层次教育，与国家政策支持密切相关。2015年，国务院发布《统筹推进世界一流大学和一流学科建设总体方案》，为我国建设世界一流大学绘制了新的宏伟蓝图，也为建设一流研究生教育体系提供了战略指导和重要保障。2016年2月，教育部印发《教育部2016年工作要点》，要求加快世界一流大学和一流学科建设，制定“双一流”实施办法。6月，教育部发布公告，包括一系列与“985工程”“211工程”相关的382份文件被宣告废止，持续了20余年的两大工程正式成为历史。由此，我国“双一流”建设拉开序幕。北京、上海、浙江、江苏、山东、河北、吉林、四川、湖北等多省市陆续出台“双一流”建设实施办法，明确“双一流”建设进程和建设目标，并提出世界一流大学和一流学科、国内高水平大学、国内百强高校的相关量化指标。各高校积极回应，纷纷根据学校建设实际进行规划，制定政策措施，加快推进“双一流”建设。国内专家学者也踊跃建言“双一流”建设。中国高等教育学会会长瞿振元表示，“双一流”建设是一个长期的过程，要用长远眼光来看待。他希望，各类高校准确定位，“找准自己位置、发挥出作用的学校就是好学校，而不能简单地说‘只有世界一流大学才是好学校’”。[3] 北京理工大学学位与研究生教育研究中心多年来致力于推进我国学位与研究生教育研究，主持2016年度教育部哲学社会科学研究重大课题

① 刘延东．在国务院学位委员会第三十三次会议上的讲话［N］．中国教育报，2017-03-12（1）．

② 刘博智.2016年学位点动态调整结果公布175所高校撤销576个学位点［N］.中国教育报，2016-10-20（1）.

③ 王鑫昕，瞿振元.“双一流”是建设高教强国的一部分，但不是全部［N］.中国青年报，2016-11-10（3）.

攻关项目——世界一流大学和一流学科建设评价体系与推进战略研究，不仅为国家“双一流”建设贡献智慧力量，而且为推进世界一流研究生教育体系建设出谋划策。

（五）中国学位与研究生教育学会创设多个奖项促进研究生教育发展

为了提高研究生教育质量，促进研究生教育事业发展，中国学位与研究生教育学会在国家有关管办评分离的政策文件指导下，充分发挥作为“第三方”的社会组织的职能，积极参与评价研究生教育质量，产生了良好的示范效应和社会影响。2016 年 11 月 11 日，中国学位与研究生教育学会 2016 年会员代表大会暨学术研讨会在西安召开。大会颁发了第二届中国学位与研究生教育学会研究生教育成果奖、第五届和第六届中国学位与研究生教育学会优秀博士学位论文奖、第一届中国学位与研究生教育学会学术贡献奖、第一届中国学位与研究生教育学会工作贡献奖、中国学位与研究生教育学会 2016 年学术研讨会优秀论文等奖项。① 其中，“2016 年中国学位与研究生教育学会研究生教育成果奖”41 项、“2015—2016 年中国学位与研究生教育学会优秀博士学位论文奖”6 项、“2016 年中国学位与研究生教育学会学术贡献奖”5 项、“2016 年中国学位与研究生教育学会工作贡献奖”15 项。

2016年研究生教育成果奖41项

“中国学位与研究生教育学会学术贡献奖”与“中国学位与研究生教育学会工作贡献奖”为 2016 年新设奖项。其中，“中国学位与研究生教育学会工作贡献奖”旨在激发和调动中国学位与研究生教育学会会员及工作人员的积极性，提高学会工作质量和水平，促进学会各项工作健康蓬勃发展，对在推动学会组织建设、管理服务、事业开展、促进学会对外交流与合作中发挥积极作用的同志进行表彰；“中国学位与研究生教育学会学术贡献奖”旨在充分调动广大中国学位与研究生教育学会成员从事研究生教育研究工作的积极性、主动性和创造性，进一

① 中国学位与研究生教育学会 2016 年会员代表大会在西安召开[EB/OL].[2017-05-23]. http://www.csadge.edu.cn/info/zxhdt/2992.

步倡导学术创新，促进我国学位与研究生教育的科学研究和改革蓬勃发展，不断提升学会的学术水平和社会影响力，对在研究生教育理论和教育方法研究工作中开拓创新、做出突出贡献、取得显著成效的学者予以表彰，以期在研究生教育研究工作中做出更大贡献并取得更多研究成果。①

（六）南京大学启动“二三三”硕士研究生教育改革

研究生教育质量发展，最终需要落实到高校培养单位，特别需要落实到研究生培养模式上面。南京大学于2016年正式启动硕士研究生教育改革，采用“二三三”硕士研究生培养模式。学校在2016年4月、6月和10月相继召开南京大学硕士研究生教育改革启动会、专家评审会和互动交流会，由此不断推进改革。“二三三”硕士研究生培养模式改革是南京大学继“三三制”本科教学改革、“四三三”博士研究生培养模式改革后的又一重大举措。“二三三”模式的设计重点在于：保持南京大学学术传统的基础，实现学术学位研究生与专业学位研究生两种类型研究生教育的统筹与互动，进一步拓展硕士研究生培养的宽度，更好地适应社会多样化的发展需求；强化硕士研究生培养全过程中三个知识与能力培养阶段的水平与能力的提升，即转型期基础教育阶段、专业教育与训练阶段、实际能力培养与实践阶段；在系统性拓展硕士研究生培养宽度与深度的基础上，为研究生成长成才提供三条个性化发展路径，即学术型导向类、复合型导向类、创业就业导向类，为此同步设计了推进改革的质量保障机制、组织实施机制等。②

（七）西安交通大学开展专业学位研究生教育“供给侧改革”

供给侧改革，是专业学位研究生教育改革的一项重要内容。2016年7月14日，西安交通大学召开2016年研究生教育工作推进会，围绕“十三五”规划，探讨研究生教育综合改革，推进全校学位与研究生教育各项工作，这标志着西安交大正式启动推进专业学位研究生培养“供给侧”改革。此次专业学位研究生教育“供给侧改革”以培养创业创新能力为导向，以提高实践能力为重点，以产学

---

① 关于表彰第一届中国学位与研究生教育学会学术贡献奖的决定［EB/OL］.［2016-05-20］. http://www.csadge.edu.cn/info/zxhdt/2988.

② 我校正式硕士研究生教育改革［EB/OL］.［2017-05-21］. http://news.nju.edu.cn/show_article_1_41811.

研用协同培养为途径，致力为国家龙头行业企业单位输送理论基础扎实、解决实际问题能力突出的应用型人才。[①] 西安交大将通过与协同单位共同打造培养方案、创新课程教学、建立协同培养基地、强化学位论文应用导向、构建“双师型”团队等措施方法，提高专业学位研究生培养质量，提升研究生在龙头行(企)业的就业层次。为确保改革稳步推进，西安交大成立校级专业学位研究生培养专家组，确保专业学位研究生招生、培养、学位授予等全过程的质量保障制度及监管机制、培养效果反馈机制等保障措施。[②]

（八）国内研究生培养单位首设研究生教育学博士硕士学科专业

推进研究生教育质量发展，必须遵循研究生教育规律和办学规律。究竟“什么是研究生教育规律”“如何遵循研究生教育规律”以及“如何建设一流研究生教育体系”，这些问题是需要研究生教育理论界进行研究和回答的。可喜的是，长期以来研究生教育理论和实践的快速发展，正在催生“研究生教育学科”的诞生。2016 年，经过学科申报、专家论证和社会公示等合法程序，北京理工大学决定开设“研究生教育学”博士专业，并于 2017 年首届招收博士生 3 人。与此同时，天津大学协同各方资源，通过合作共建，积极申报并获批全国首个自主设置目录外二级学科——研究生教育学专业。该专业已列入 2017 年天津大学接收推荐免试研究生招生专业目录，学生可通过推荐免试的方式进行申请，也可以通过参加全国统考的方式进行报考。

北京理工大学开设“研究生教育学”博士专业

我国自 1978 年恢复研究生教育，经过 30 多年的发展，已基本实现了立足国内自主培养高层次人才的战略目标，基本建成了学科门类齐全、培养类型多样的研究生教育体系，招生及在校生规模已跨入研究生教育大国行列。但我国研究生教育质量与研究生教育强国相比还有较大差距，从外延式规模发展向内涵式质量

① 专业学位研究生教育启动“供给侧改革”[EB/OL].[2017-05-21].http://news.xjtu.edu.cn/info/1003/67821.htm.

② 西安交大启动专业学位研究生培养改革[EB/OL].[2017-05-21].http://news.xjtu.edu.cn/info/1003/67342.html.

提升的转型过程中仍然存在一些亟需解决的问题。对这些问题的解决，迫切需要基于研究生教育学的专业视角在理论和实践两个层面进行科学的研究与阐释，进而建立新的学科范式，寻求解决之道。同时，高等教育“供给侧”改革也需要一批深谙研究生教育理论与实践的专业人才。北京理工大学和天津大学此举开辟了我国培养专门从事研究生教育理论与实践研究的高端人才之先河，进一步完善了研究生教育人才培养体系。①

（九）高度重视研究生教育过程管理，杜绝恶性事件发生

开展安全、健康、有序的研究生教育，是高校义不容辞的重要责任。两个案例告诫我们，高校要从抓好教育的全过程入手来保障研究生教育，平时不仅要加强制度建设，而且要将责任落实到研究生教育培养的各个环节中去。2016 年 1 月 25 日上午，南京邮电大学研究生三年级学生蒋某疑因毕业论文不能过关而轻生。随后，南京邮电大学多名学生在社交媒体上揭露，蒋某生前受到来自导师张代远极大的压力，且张代远存在强行收取学生的实习工资和论文版面费，侮辱和性骚扰学生等恶劣行径。时隔 4 个月左右，又一起悲剧在上海发生。5 月 23 日，华东理工大学硕士研究生李某因违法违规试验发生爆炸，死于导师的工厂。据悉，李某的导师张建雨在上海、浙江等地投资多家的工厂，并多次安排学生在这些工厂进行商业研究或实习。② 有评论指出，事件背后，暴露出导师违规校外经商、违规带学生校外实验等问题，以及导师亦师亦商的身份所导致的师生关系异变。③ 显然，这些案例换来的教训十分深刻，应该引起高度重视。

（十）依法治教：北京法院审理首例考研替考入刑案

以法治教，是研究生教育需要面对的重要问题。2016 年 1 月 14 日，北京海淀法院开庭审理侯某、虎某代替考试罪一案，并对该案当庭宣判。该案缘起 2015 年 10 月，被告人虎某通过他人联系被告人侯某，让其代替自己参加 2016

① 我校开设全国首个“研究生教育学”专业，将于 2017 年开招硕士研究生[EB/OL].[2016-06-24]. http://news.tju.edu.cn/zx/jx/201606/t20160629_281970.html.

② 熊丙奇．“命丧导师工厂”：导师职权监督制当立[N]．新京报，2016-05-30（A02）.

③ 媒体揭秘华东理工研究生死亡：导师亦师亦商[EB/OL].[2016-05-30]. http://finance.sina.com.cn/sf/news/2016-05-30/101031601.html.

年全国硕士研究生招生考试。被告人侯某被监考人员当场发现，并于当日被公安机关抓获，被告人虎某于2015年12月28日主动向公安机关投案。法院判处被告人侯某拘役1个月，罚金人民币1万元，被告人虎某拘役1个月，罚金人民币8000元。该案系《刑法修正案（九）》施行后，北京法院审结的首例考研替考入刑案。

北京法院审结的首例**考研替考入刑案**

“替考”行为破坏了考试的公平竞技规则，严重影响考试的公平性，与考试的宗旨和功能相违背，违犯了国家相关考试管理制度。对于考试作弊，以往最多只能依法给予一定行政处罚，不足以形成有效打击和震慑效果。新颁布的《刑法修正案（九）》将“组织考生作弊”和“替考”等考试作弊行为作为犯罪行为，新增了“组织考试作弊罪”“代替考试罪”等罪名。依据这条规定，代替考试罪的犯罪主体包括替考者和被替考者。《刑法修正案（九）》于2015年11月1日正式开始实施，此后实施的替考行为作为犯罪处理。①

二、2016年度研究生教育质量单位——清华大学

（一）清华大学研究生教育概况

清华大学从20世纪20年代起开始培养研究生，于1984年成立研究生院，是我国1978年恢复研究生教育制度后，经国务院批准在全国高等院校中组建的第一批研究生院之一，是国家培养博士和硕士的重要基地。依托学校雄厚的办学实力，清华大学为研究生的成长创造了良好的学科环境与学术氛围。全校设20个学院和57个系，拥有在岗博士生指导教师2657人，全方位服务于研究生培养。多年来，学校通过对研究生教育的一系列改革，健全了研究生教育管理，优化了研究生培养过程，提高了研究生教育质量。例如，1999—2013年，学校入选全国优秀博士学位论文115篇，篇数居全国高校首位。2008—2013年，学校

① 北京考研替考案宣判被告人被判拘役1月并罚款[EB/OL].[2016-01-14]. http://news.xinhuanet.com/local/2016-01/14/c_128629325.html.

入选北京市优秀博士学位论文 35 篇。2015 年，学校评选出清华大学优秀博士学位论文 126 篇。其中，一等奖 27 篇、二等奖 99 篇。清华大学培养的研究生中，涌现出了大批优秀人才，包括知名学者、中国科学院或中国工程院院士、省部级领导干部以及大企业的技术或管理负责人，他们以民族复兴为己任，在自己的工作岗位上脚踏实地、开拓创新，为国家的物质文明和精神文明建设做出了突出贡献。

（二）2016年清华大学研究生教育改革主要举措

清华大学围绕提高研究生教育质量特别是博士生培养质量锐意改革，创新发展，不断探索和完善科学研究和高水平优秀人才培养的新体制新机制，鼓励、支持和引导研究生，尤其是博士生，开展高水平前沿性科学研究工作，在一流研究生教育体系建设上取得了显著成就。

1. 全面推进博士研究生招生“申请—审核”制

2016 年 7 月 15 日，清华大学发布《清华大学 2017 年博士生招生改革说明》，决定自 2016 年 9 月起，学校 34 个院系博士生录取工作将采取“申请—审核”制选拔[①]，适用于本科直博、硕博连读、公开招考等所有类型博士生招生。“申请—审核”程序包括个人申请、材料审查、综合考核和择优录取四个阶段。根据不同学科的特点，采取不同的考核方式，给予院系学科、导师更大的自主权，而非“一校一策”。为保证招生质量和招生过程中的公平、公正，清华大学建立和完善集体决策、信息公开、巡查制度、纪检监察、申诉复议五项监督保障机制，同时组织专家组研究制定《学术人才选拔参考指南》，规范招生流程，杜绝招生过程中的违规行为。[②]

2. 全面放开博士生导师资格，启动博士生指导教师研修班

博士学位制度设立 30 余年来，清华大学累计毕业博士生 1.6 万余人。博士生指导教师从 1981 年的 39 人增加到如今的逾 2600 人。2014—2016 年新上岗博士生导师 700 余人，45 岁以下青年教师占 90%，其中，最年轻的博士生导师年

① 清华大学2017年博士生招生改革说[EB/OL].[2016-07-15]. http://yz.tsinghua.edu.cn/publish/yjszs/8545/2016/20160715092826806623789/20160715092826806623789_.html.

② 清华大学全面推进博士研究生招生“申请—审核”制[EB/OL].[2016-07-16].http://mp.weixin.qq.com/s?__biz=MzA5ODcwNTQxMA==&mid=2650826208&idx=1&sn=7f43c5c9d4617aebc193c01fbb0cb955&scene=21#wechat_redirect.

仅28岁。为加大对年轻教师的支持力度，清华大学早在2006年就试点副教授担任博士生导师，2011年在国内率先取消校级博士生导师评选，将博士生导师资格审核下放到院系和学位评定分委员会。①2016年，清华大学结合人事制度改革，全面放开了教研系列教师指导博士研究生的资格。教研系列教师均可招收和指导博士生，推动了一批年轻助理教授走上博士生导师岗位，既给年轻教师提供了前所未有的成长机遇，也对青年教师提出了更高要求。为确保博士生培养质量，学校2016年启动博士生指导教师研修班，面向全校2014—2016年新上岗博士生指导教师开办，以大会学习、小班培训、分组交流等多种形式，帮助新导师理解职责、熟知规则、分享经验、促进发展，共同做好博士生指导工作。②此外，学校编写并发布《清华大学博士生导师学术指导职责参考指南》，从导师定位、专业指导职责、学术发展引领三个方面规范博士生指导教师的职责。明确培养博士生是导师的首要学术职责，为导师成为博士生学术生涯的引路人、品格修养的导引者提出明确履职要求。③

3. 全球领导力硕士学位项目苏世民书院开学，首届苏世民学者开启清华之旅

2016年9月10日，一个具有开创性意义的跨文化全球领导力项目——清华大学苏世民学者项目举行开学典礼，迎来首届来自31个国家的110名学生。中国国家主席习近平和美国总统奥巴马分别发来贺信，表达对首届学生的祝贺与期待，国务院副总理刘延东出席并致辞。清华大学苏世民学者项目旨在培养推动不同文明间相互理解与合作的全球未来领导者，并以此践行清华大学新百年新使命。为满足世界对新型领导者日益增长的人才需求，苏世民书院秉承“立足中国、面向世界”的原则，依托清华大学综合学科的深厚基础，选聘国内外顶尖师资，精心打造英文“全球领导力”硕士学位项目并授予管理学硕士学位。④

① 2016年清华大学博士生指导教师研修大会召开［EB/OL］.［2016-11-23］. http://news.tsinghua.edu.cn/publishthunews/10303/2016/20161123152648619118000/20161123152648619118000_.html.

② 2016年清华研究生教育十大事件［EB/OL］.［2016-01-01］. http://learning.sohu.com/20170101/n477501368.shtml.

③ 2016年清华大学博士生指导教师研修大会召开［EB/OL］.［2016-11-23］. http://news.tsinghua.edu.cn/publish/thunews/10303/2016/20161123152648619118000/201611231526486191180_.html.

④ 清华大学苏世民书院正式开学［EB/OL］.［2017-05-10］. http://news.tsinghua.edu.cn/publish/thunews/9660/2016/20160910173951579107723/20160910173951579107723_.html.

4. 持续建设研究生能力提升项目，迎来首批学员顺利结业

2016 年 9 月 7 日，清华大学研究生院和清华 x-lab 共同推进的“学生创新力提升证书项目”之首批 5 名同学 (4 名直博生，1 名硕士生) 获得结业证书。[①] 该项目于 2015 年 1 月 14 日由清华大学研究生院和清华 x-lab 共同启动，计划基于现有的创新创业课程与实践项目，重新整合课程模块，形成思维与技能、跨界学习和实践交流相结合的新课程体系和教学模式，为提升学生创意、创新、创业打下良好基础。根据计划，“学生创新力提升证书项目”开设了“思维与技能”“跨界学习”“实践交流”三大模块。清华大学学生在校学习期间，均可报名参加该项目的学习，只要达到三大模块的学分和实践活动要求，即可提出证书申请，经核实批准，将获得由清华大学研究生院与清华 x-lab 联合签发的项目证书。[②]

5. 坚持分类培养，深化专业学位研究生教育综合改革

2016 年春季学期，清华大学将 7 个专业学位项目列入“清华大学深化专业学位研究生综合改革首批试点项目”，开展深化专业学位研究生教育综合改革试点工作。试点项目主要服务国家人才发展战略和经济社会发展需求，探索和创新符合专业学位特点的“项目制”运行机制，逐步形成学术型与专业学位教育区分鲜明、各成体系的培养特色，培养具有职业素养、创新创业精神的高层次专门人才，促进专业学位教育水平和人才培养质量的不断提高。这 7 个专业学位项目分别是工程管理硕士教育中心“项目制的培养模式探索”、深圳研究生院“智能制造交叉学科专业学位项目”、法学院“法律硕士学业成果评价模式研究”、计算机科学与技术系“数据科学与工程专业学位项目”、电机工程与应用电子技术系“开展能源互联网创新性人才培养，推进互联网 + 智慧能源”、微电子和纳电子学系“集成电路工程专业学位培养模式探索”以及王雪教授牵头负责的“工程博士培养过程探索与实践”。[③]

---

① 走进清华研究生教改：打造“三位一体”的创新型平台，培育清华创新型人才——清华大学 x-lab（x-空间）研究生教改项目［EB/OL］.［2017-05-20］. http://mp.weixin.qq.com/s?__biz=MzA5ODcwNTQxMA==&mid=2650826267&idx=2&sn=a72d962fc845103b617b951b8d33049d&mpshare=1&scene=1&srcid=0108vDMKlcmterxhj2xcgoxg#rd.

② 张晓鸽 . 清华启动学生创新力提升证书项目［N］. 京华时报，2015-01-20（C08）.

③ 清华深化专业学位研究生教育综合改革首批试点项目启动［EB/OL］.［2016-03-11］.http://news.tsinghua.edu.cn/publish/thunews/9649/2016/20160311083431244893871/20160311083431244893871_.html.

6. 启动兼修硕士学位项目，培养高层次复合型人才

清华大学从学生职业生涯与长远发展出发，以跨学科研究生培养项目，探索高层次复合型人才的培养规律，分别在建筑学院和马克思主义学院试点开展“博 + 硕”和“硕 + 硕”兼修硕士学位项目，首批录取 20 人。马克思主义理论硕士研究生兼读学位项目，旨在培养和提高毕业后有志于服务基层党政部门和公共部门的研究生的马克思主义理论和实践水平。[①] 建筑学院兼修双学位项目面向学校各学科在校直博生，且试点阶段只进行面试考核。[②]

7. 进一步推进国际化培养工作，实现中外研究生一体化管理

国际化培养，一直是清华大学人才培养的重要举措。2016 年，清华大学采取系列政策举措继续推动国际化研究生培养工作，着力推进国际研究生与中国研究生一体化管理。学校新增水利系全英文博士 / 硕士学位项目、工程物理系—巴黎等十一大学联合培养博士生项目等 11 个国际化项目以及 6 个联合培养双硕士学位项目。同时，全球创新学院（GIX）首批研究生入学，进一步改善了研究生教育体系。研究生开学典礼首次安排同声传译，为“更国际”的清华未来更添新彩。

三、2016年度研究生教育质量单位——苏州大学

2016 年 11 月，苏州大学《导师学院加强培训供给侧改革的实践探索》荣获第二届中国学位与研究生教育学会研究生教育成果奖一等奖。此次获奖标志苏州大学研究生教育改革特别是以导师队伍建设带动研究生教育改革的实践走在了全国前列，在全国范围起到了引领示范作用，产生了重要影响。

（一）苏州大学研究生教育概况

苏州大学前身是 1900 年创办的东吴大学，是中国最早以现代大学学科体系举办的大学。一个多世纪以来，学校始终秉承“养天地正气，法古今完人”之校

① 2016 年清华研究生教育十大事件［EB/OL］.［2017-01-01］.http://learning.sohu.com/20170101/n477501368.shtml.

② 清华大学建筑学院直博生兼修硕士学位项目招生简章［EB/OL］.［2016-06-07］.http://www.arch.tsinghua.edu.cn/chs/data/tongzhi/20160607.html.

训，坚守学术至上、学以致用，倡导自由开放、包容并蓄、追求卓越，坚持博学笃行、止于至善，致力于培育兼具“自由之精神、卓越之能力、独立之人格、社会之责任”的模范公民，在长期的办学过程中为社会输送了诸多人才，为国家建设与社会发展作出了重要贡献。[①]苏州大学研究生院于2012年正式挂牌成立，是教育部开放审批权限后成立的第一家研究生院。虽然成立较晚，但是学校研究生教育的发展势头锐不可当。学校现有博士后流动站29个，一级学科博士学位授权点24个，一级学科专业学位博士点1个，一级学科硕士学位授权点49个，专业学位硕士点24个，拥有全日制硕士生9332人，在职专业学位硕士2891人，全日制博士生1601人。[②]苏州大学在致力于规模扩张的同时更重视人才培养结构的调整，多措并举，成效斐然。

（二）苏州大学研究生教育改革主要举措

1. 加强导师队伍建设，促进导师队伍可持续发展

（1）成立导师学院，加强培训供给侧改革。2010年，苏州大学成立了国内首个“导师学院”。此举旨在提升研究生导师队伍素质，从而提高研究生教育质量。导师学院主要负责培训和考核研究生导师，开展研究生教育发展研究与决策咨询，为研究生导师顺利开展工作提供服务，是一种培养、管理、建设、团结导师队伍的创新组织机构。由此，原来由各学院、各学科“单兵团”的导师教学模式，转换成了“全方位导师合作模式”。在导师学院，导师们可以共享教育资源、交流研究生培育经验、探索更先进的教育方法，有效提高了导师队伍的学术治理和培养建设水平。[③]

（2）分类评定研究生导师，实行博士生导师招生资格认定和动态上岗制。2016年5月，苏州大学举办“深化专业学位研究生导师评聘制度改革研讨会”，并印发《苏州大学专业学位研究生指导教师评聘办法》，清晰界定了学校25个专业学位研究生导师评聘的基本条件。不久，学校又召开修订《苏州大学学术性学位研究生指导教师任职资格审核办法》征求意见会，相关部门就专业学位研究生导师评聘制度改革的背景、问题与目的，以及评聘条件修订的总体原则与具体要

① 苏州大学学校简介［EB/OL］.［2017-06-01］.http://www.suda.edu.cn/general_situation/xxjj.jsp.

② 苏州大学教育教学［EB/OL］.［2017-05-01］.http://www.suda.edu.cn/education_teaching/jyjx.jsp#yjs.

③ 苏州大学成立国内首个导师学院［EB/OL］.［2010-11-13］.http://yjs.suda.edu.cn/html/182/14987.html.

求作了专题说明。学术学位与专业学位研究生导师分类评定符合研究生分类培养的需要，有利于推动学位与研究生教育走内涵式发展道路。此外，2016 年 10 月，学校印发《苏州大学博士生导师上岗招生及指标配置的实施办法》，由此全面落实以科学研究为主导的导师负责制和以科研经费为引导的导师资助制，实行博士生导师招生资格认定和动态上岗制。

2. 优化调整学科布局，动态调整学位授权点

2016 年 4 月，苏州大学根据国务院学位委员会《关于开展博士、硕士学位授权学科和专业学位授权类别动态调整试点工作的意见》《博士、硕士学位授权学科和专业学位授权类别动态调整办法》、江苏省学位委员会《江苏省博士、硕士学位授权点动态调整实施办法（暂行）》等重要文件精神，通过对有关学位授权点建设情况进行评估，并结合学校学位授权点专项评估与合格评估工作实际，决定自主撤销农业经济管理（二级学科学位点）、生态学（一级学科学位点）等硕士学位授权点。① 这一措施产生了良好的影响。

3. 推进国际化办学，提升学校办学水平

2016 年 11 月 7 日，苏州大学和美国亚利桑那大学（University of Arizona）签署“3+1+1”加速硕士项目合作协议。“3+1+1”加速硕士项目，是指苏州大学城市轨道交通学院的优秀本科生，在苏州大学完成前三学年的课程，且英语达到美国亚利桑那大学英语语言最低要求，第四年可以在苏州大学申请并参加美国亚利桑那大学土木与机械工程系硕士阶段的交通运输工程、土木工程、机械工程等学科的远程学习。经考核合格后，第 5 年可前往美国亚利桑那大学继续硕士阶段的学习。经考核通过后，双方将实现学分互认。即学生在 5 年时间内获得苏州大学本科学士学位的同时，可以获得美国亚利桑那大学颁发的硕士学位。第五年硕士毕业后，还可以获得至少 3 个月的美国实习工作机会。②

4. 召开研究生事务联席会，架起学生参与校园管理的桥梁

研究生事务联席会是苏州大学研究生参与学校事务管理的主要渠道，切实践行了“自下而上”的管理模式。2016 年 4 月、7 月和 11 月，学校召开了三次研究

① 关于撤销硕士学位授权点的公示[EB/OL].[2016-04-25]. http://yjs.suda.edu.cn/html/87/14683.html.

② 我校与美国亚利桑大学签订“3+1+1”加速硕士合作协议[EB/OL].[2016-11-09]. http://www.suda.edu.cn/suda_news/sdyw/201611/c4e16285-6624-4478-952f-48eb2478720d.html.

生事务联席会，主要围绕学位授予、创新创业教育、学术科研、信息安全、食品安全、生活基础设施等方面展开。各学院（部）研究生代表踊跃发言，实事求是地提出了许多与研究生切身需求相关的提案。与会领导仔细倾听了各学院（部）研究生代表反映的问题以及提出的建议，现场对部分问题进行核实，并提出了解决方案，同时对有意义的建议予以采纳。对于暂时无法解决或仍需进一步商讨的问题，各职能部门也做出了相应的承诺，表示会尽全力解决问题，为同学们提供更好的校园环境。这种扎根群众、“接地气”的方式，激发了广大研究生参与校园治理的积极性，有效地实现了学校研究生事务管理的民主化，具有重要的现实意义。①

5. 苏州大学纳米科学技术学院积极开展创新人才培养实践，频结人才培养硕果

2010 年 12 月，苏州大学纳米科学技术学院应国家战略、产业急需而成立。在积极探索全新人才培养领域时，学院也同时面临着专业设置时间短、无既定人才培养模式等发展困境。面对这样的挑战，学院紧扣人才培养主线，在学校给予的自主办学权支持下先试先行，从学段、学科和地域三个维度开展纳米科技创新人才的“三融合”培养实践：①科教融合，以研究性学习为导向，将科技前沿和创新训练融入教学，构建教学科研深度融合的机制。②学科融合，以立体化培养为方向。“立体”是指人才培养实现高度上的教学科研融合，深度上的学科交叉融合和广度上的国际资源融合。③国际融合，以多方协同化为志向。2011 年，以纳米科学技术学院为基础组建的“苏州纳米科技协同创新中心”成功跻身首批“2011 计划”国家协同创新中心后，又进一步实现了学院“教学、科研、产业”协同发展的新格局。②

四、2016年度研究生教育质量人物——华南理工大学何镜堂院士

2016 年 11 月，何镜堂等完成的《建筑学研究生“三位一体”联动式设计人才培养模式创新与教育实践》获得第二届中国学位与研究生教育学会研究生教育成果奖一等奖，何镜堂院士作为第一负责人参加颁奖仪式，并做了题为《建筑学

① 我校召开第八次学生事务联席会［EB/OL］.［2016-10-15］. http://www.suda.edu.cn/suda_news/sdyw/201610/6593615c-f603-4297-bda3-215b6f2e7711.html.

② 一所国家试点学院的“三个融合”——苏州大学探索纳米科技拔尖创新人才培养新模式［N］. 中国教育报，2017-02-20（3）.

研究生创新人才培养理念与实践》的报告。一直以来，何镜堂院士在建筑学理论与实践研究以及研究生的培养上都卓有成效，此次获奖，再次肯定了其在研究生教育理论研究与教育教学实践工作中的突出成就。

1. 人物简介

图3-1　何镜堂

何镜堂，男，中国工程院院士、华南理工大学建筑学院院长兼建筑设计研究院院长、上海世博会中国馆之父，全国工程勘察设计大师（图 3-1）。他创造性地提出了“两观”（整体观、可持续发展观）、“三性”（地域性、文化性、时代性）的建筑哲理和创造思想，创建了全国建筑学界唯一一个国家重点实验室，打造了全国一流水平的建筑创作团队和学术研究群体，主持设计了以上海世博会中国馆、侵华日军南京大屠杀遇难同胞纪念馆扩建工程为代表的一批具有国际影响力的标志性建筑，引领中国现代建筑设计走向国际先进水准。①

2. 学术成就

何镜堂院士长期奋战在建筑学教学科研与设计实践的第一线，主持和负责设计的重大或复杂工程有 200 多项。其主要代表作包括西汉南越王墓博物馆、鸦片战争海战馆、北京奥运羽毛球馆、北京奥运摔跤馆、9.18 纪念馆等。② 其主持设计的上海世博会中国馆，成为传统文化与现代理念完美结合的经典之作（图 3-2、图 3-3）。

凭借建筑设计方面的成就和贡献，何镜堂院士共获得国家、部委及省级以上优秀设计奖 100 多项，包括中国建筑师的最高荣誉——首届“梁思成建筑奖”，以及“中国工程院光华科技奖”“国际设计艺术终身成就奖”等。美国哈佛大学建筑系主任斯科特·科恩评价何镜堂院士说：“他是中国为数不多的建筑师中的一个，既完成了多样性建筑实践又通过理论分析来阐述实践”，“他的作品微妙而复杂，空间移动在限制与大胆之间穿梭，并没有刻板单一的设计模式。”③

① 何镜堂简介［EB/OL］.［2016-01-26］. http://www.scutad.com.cn/plus/list.php?tid=27.

② 名誉院长：何镜堂（院士）［EB/OL］.［2012-11-04］.http://www.scut.edu.cn/architecture/2012/1104/c2875a101437/page.htm.

③ 何镜堂工作室——中国建筑设计“领跑梯队”［EB/OL］.［2014-04-16］.http://bbs.ccbuild.com/thread-248296-1-1.html.

图3-2　天津博物馆

图3-3　上海世博会中国馆

3. 坚持科研与教学相结合培养建筑学领军人才

长期以来，何镜堂院士坚持科研与教学相结合、理论与实践相结合，成功实践“产学研”一体化人才培养模式，以团队合作推进创造力的落实，既创作出了大量优秀设计成果，又培养了一大批富有创新精神、高素质的建筑英才。

何镜堂院士将研究生的培养目标定在既非纯理论的研究人员，也不是一般的职业建筑师，而是理论与实践相结合，既能从事理论研究又能从事高水平建筑创作的“工程型研究生”。他通常会挑选一些具有挑战性的项目培养研究生，让他们从事研究创作实践，而且要求在每一个设计上都要有一点创新，这样才能保持不断进步。

在研究生教育教学中，何镜堂院士着重强调四点：第一，学建筑首先要学会做人，要有责任感和职业道德；第二，以“两观三性”的创作理念来指导学生，树立起正确的建筑观，不要盲目抄袭或片面追求形式；第三，强调创作思维的培养，抓主要矛盾和矛盾的主要方面，作出正确的判断和设计定位；第四，学会团队合作。

作为研究生导师，何镜堂院士至今已培养出博士 50 名，硕士 44 名，博士后 3 名。其中，倪阳获得“中国工程设计大师”称号，汤朝晖、郭卫宏、刘宇波、罗建河、王扬、吴中平、张振辉等获得全国青年建筑师奖。这些学生中，有些已经晋升为教授、院长、总建筑师，成为广东省乃至全国建筑设计和教育领域的主要骨干力量。①

① 何镜堂工作室——中国建筑设计“领跑梯队”[EB/OL].[2014-04-16]..http://bbs.ccbuild.com/thread-248296-1-1.html.

第四章　省域研究生教育质量评价

随着我国研究生教育管理体制逐步由“中央主导”走向“省级统筹”，管理重心不断下移。2014 年，国务院学位委员会发布的《开展博士、硕士学位授权学科和专业学位授权类别动态调整试点工作的意见》指出：“省（自治区、直辖市）学位委员会制定学科发展规划，指导本地区学位授权点动态调整。制定支持政策，引导学位授予单位根据区域经济社会发展需要撤销和增列学位授权点。”2016 年，教育部办公厅又发布《关于开展扩大省级政府硕士生计划管理统筹权改革试点工作的通知》，这充分表明省级政府在省域研究生教育发展规划和质量保障方面越来越担负着重要责任。专门针对省域研究生教育质量进行研究和评价成为集中呈现省域研究生教育数据、问责省级政府研究生教育发展绩效的重要方式。

基于此，本报告将继续运用多项客观、可比指标，对各省研究生教育的质量进行评价。

一、评价的指标体系、数据来源及分析方法

（一）指标体系的设计原则

本章所设计的省域研究生教育质量评价体系遵循了以下四项原则。

1. 统筹研究生教育的活动属性和事业属性

作为一种人才培养的活动，研究生教育质量体现为培养活动是否完成培养目标，即毕业的研究生是否具备了坚实（或坚实宽广）的理论基础和系统（或系统深入）的专业知识。因此，域内研究生的培养质量是构成省域研究生教育质量的基础。另一方面，研究生教育与医疗、卫生等一样均为公共事业，对所在区域的经济社会发展产生着重要影响。故省域研究生教育质量也体现在省域研究生教育

与一省经济社会发展的相关性上。须在评价中全面把握研究生教育的活动属性和事业属性。

2. 统筹研究生培养的条件质量与结果质量

从当前研究生教育质量的评价来看，很多研究关注研究生培养所依托的条件质量，例如是否有高水平的教师、充足的经费投入等。条件质量的评价易于量化且能顺利实现机构、区域之间的共时性和历时性对比。但另一方面，研究生培养的结果质量更应该被重点关注。虽然人才培养的结果难以被量化，但一些显性的指标或多或少能将其反映。例如，各省市所获的研究生教育成果奖、研究生获得各级各类奖励等。因此，在指标体系设计中须全面把握研究生培养的条件质量与结果质量。

3. 统筹指标设计的“理论解构”和“数据驱动”

本研究对省域研究生教育质量评价的指标设计应采取“理论解构”和“数据驱动”相结合的构建方式。在理论上考虑不同维度应纳入的指标；结合已出版的统计年鉴或政府报告寻找指标的数据支撑，从而实现指标的量化。故需要综合理论的合理性和数据的可得性两方面来构建省域研究生教育质量的指标体系。

4. 统筹质量评价中的绝对指标和相对指标

由于质量是独立于规模的概念，在选取表征研究生教育质量的指标时，应尽可能排除规模对表征质量的影响。例如，中国学位与研究生教育学会会长赵沁平院士认为：“教学与科研相结合是研究生教育的一条基本规律”。一省参与科学研究的研究生数应当是一项反映省域研究生教育质量的重要指标。但该指标受研究生教育规模的影响很大，故将其除以所在区域的在校研究生数转换为相对指标。但对于具有高度竞争性，又与在校研究生规模关系不太密切的指标，例如中国学位与研究生优秀成果奖（实践类）、获批的基金项目（如自科基金和社科基金等，则以绝对指标为宜。

（二）2017年指标体系的内容

本研究在 2016 年指标体系的基础上，结合指标体系的稳定性，数据的可得性，2017 年省域研究生教育质量评价的指标体系见表 4-1。

表4-1 省域研究生教育质量评价指标体系（2017）

一级指标	二级指标	三级指标
条件支撑度	研发（R&D）经费支出	生均高等学校R&D经费支出数
		生均高等学校基础研究R&D经费支出数
	基金项目	自然科学基金立项数
		社会科学基金立项数
	学科平台	进入第三轮学科评估排名前10%的学科比例
		进入ESI排名前10%的学科比例
	导师规模	硕士生生师比
		博士生生师比
		研究生生师比
	研究生教研	发表于CSSCI期刊的研究生教育领域论文数
		中国学位与研究生教育优秀成果奖数（研究类）
	国际交流与合作	硕士及以上中外合作办学项目
	专业学位	博士专业学位点数
		硕士专业学位点数
		专业学位教学案例数
教育贡献度	拥有科研经历的在学研究生比例	拥有科学研究经历的学术学位在学研究生比例
	主要研究生竞赛获奖	数学建模竞赛、电子设计竞赛、智慧城市技术与创意大赛、移动终端应用设计创新大赛、公共管理案例大赛获奖数
	培养成果获奖	中国学位与研究生教育优秀成果奖数（实践类）
社会适应度	经济适应度	研究生招生增幅与国内生产总值（GDP）增幅的相关系数
		第二产业GDP比重与理工科研究生招生比重之比值
	科技适应度	研究生招生增幅与技术市场成交额增幅的相关系数
	人口适应度	劳动力人口中具有研究生学历的人数比例
		研究生招生增幅与城镇人口增幅的相关系数

（三）数据来源

各指标的原始数据均来源于国家公开出版的各类年鉴、发展报告或政府和具有公信力的第三方组织的官方网站。由于各指标数据更新的速度不同，部分指标最新数据更新至 2017 年，部分仅更新至 2014 年。为尽可能保障数据的时效性，本报告选取在 2017 年 3 月 10 日前各指标公布的最新数据（表 4-2）。

表4-2 省域研究生教育质量评价指标的数据来源

指标	数据来源
R&D经费内部支出	（1）在学研究生数：2014年来源于《中国学位与研究生教育发展年度报告（2015）》，2015年来源于《中国教育统计年鉴（2015）》 （2）高等学校R&D经费内部支出、高等学校R&D经费内部支出（用于基础研究）数据来源于《中国科技统计年鉴（2015）》《中国科技统计年鉴（2016）》
基金项目	（1）自然科学基金立项数来源于国家自然科学基金委官方网站； （2）社会科学基金立项数来源于全国哲学社会科学规划办公室官方网站
学科平台	（1）博士学术学位授权点数：2014年来源于《中国学位与研究生教育发展年度报告（2015）》，2015年来源于中国学位与研究生教育质量信息平台，检索时间为2017-2-21； （2）进入基本科学指标数据库（ESI）排名前1%学科数来源于汤森路透网站，2016年度的检索时间为2016-09-23，2015年度的检索时间为2015-12-01 （3）第三轮学科评估排名前10% 学科数来源于教育部学位与研究生教育发展中心官方网站，检索时间为2016-03-15
导师规模	2014年数据来源于《中国学位与研究生教育发展年度报告（2015）》
研究生教研	（1）发表于社会科学引文索引（CSSCI）期刊的研究生教育领域论文数来源于中国知网，以期刊+关键词的方式搜索，检索时间为2016-04-21 （2）中国学位与研究生教育优秀成果奖数（研究类）来源于中国学位与研究生教育学会官方网站
国际交流与合作	硕士及以上中外合作办学项目数来源于中国教育部中外合作办学监管工作信息平台，检索时间为2017-2-21
专业学位	博士专业学位点数、硕士专业学位点数和专业学位教学案例数均来源于中国学位与研究生教育质量信息平台，检索时间为2017-2-21

续表

指标	数据来源
拥有科研经历的在校学术学位研究生比例	（1）人文社科领域参与科研项目的研究生数来源于《2014年全国高校社科统计资料汇编》；理工农医领域参与科研项目的研究生数来源于《2015年高等学校科技统计资料汇编》 （2）在学研究生数：2014年来源于《中国学位与研究生教育发展年度报告（2015）》、2015年来源于《中国教育统计年鉴（2015）》
主要研究生竞赛获奖	（1）全国研究生数学建模竞赛网站www.gmcm.seu.edu.cn/; （2）研究生电子设计竞赛网站www.gedc.net.cn/; （3）研究生智慧城市技术与创意大赛网站www.smartcity-competition.com.cn/; （4）研究生移动终端应用设计创新大赛网站www.mtdasai.com.cn/; （5）研究生公共管理案例大赛网www.mpa.org.cn/
培养成果获奖	中国学位与研究生教育优秀成果奖数（实践类）来源于中国学位与研究生教育学会官方网站
经济适应度	（1）GDP、第二产业GDP数据来源于中国统计局官方网站 （2）研究生招生数来源于2011—2015年的《中国教育统计年鉴》
科技适应度	（1）技术市场成交额数据来源于中国统计局官方网站 （2）研究生招生数来源于2011—2015年的《中国教育统计年鉴》
人口适应度	（1）就业人口中具有研究生学历的比例数据来源于2015年和2016年的《中国人口与就业统计年鉴》 （2）城镇人口数据来源于中国统计局官方网站 （3）研究生招生数来源于2011—2015年的《中国教育统计年鉴》

（四）数据处理方法

1. 数据标准化方法

由于各指标存在着单位不同、量纲不一的现象，本报告需要将各指标转为标准化的得分，从而加以比较。各类指标（包括逆指标和适度指标）均可转化为正指标后对进行标准化，标准化方法如下：

$$y_i = 60 + 40 \times \frac{x_i - \min\{x_1, x_2, \cdots, x_n\}}{\max\{x_1, x_2, \cdots, x_n\} - \min\{x_1, x_2 \cdots, x_n\}}$$

2. 对差分变量的相关分析

对省域研究生教育分别与经济、科技和人口所进行的适应度分析建立在一个基本假设上：在研究生教育实行省级统筹的条件下，各省研究生招生的规模和结构应当依据省域近年经济、科技的发展状况以及人口的变动趋势来进行调整，即各省研究生招生规模的变化应当与经济、科技和人口的变化呈现一定程度的正向相关。换而言之，当省域经济增速增大、科技市场日趋繁荣以及城镇人口规模扩张时，研究生的招生规模应当有所增加。反之亦然。

鉴于经济社会发展相关统计年鉴的公布时间、招生计划的制订时间和研究生实际入学时间存在着大约 2 年的时间差（制订招生计划时，仅能观察到前一年的经济、科技和人口变化，研究生 9 月入学距招生计划制订又有半年以上的时间间隔），故本报告认为当期的研究生招生增幅应当与滞后 2 期的经济、科技以及人口变量增幅呈一定程度的正相关。

当期的研究生招生增幅应当与滞后2期的经济、科技以及人口变量增幅呈一定程度的正相关

相关系数的测算方式如下（以研究生招生数和 GDP 为例）：设第 t 期的研究生招生数为 x_t 与 GDP 为 y_t，则 x_t 的一阶差分（逐年增量）$u_t = x_t - u_{t-1}$，y_t 的一阶差分（逐年增量）为 $Z_t = y_t - y_{t-1}$，一阶差分变量 U_t 与滞后 2 期的一阶差分变量 Z_t 的皮尔逊（Person）相关系数为：

$$r(U_t, Z_{t-2}) = cov(U_t, Z_{t-2}) / \sqrt{var(U_t) * var(Z_{t-2})}$$

3. 基于统计指数的因素分析法

在年度变化的对比分析中，各指标数值的变化往往受到多项因素的影响。例如，生均经费的变化往往受到在学研究生人数与经费总数两大因素的影响。设 A_0、A_1 分别代表基期和报告期的经费总数，Q_0、Q_1 分别代表基期和报告期的在学研究生数的倒数，可得统计指数体系：

$$\frac{\sum A_1Q_1}{\sum A_0Q_0} = \frac{\sum A_1Q_0}{\sum A_0Q_0} \times \frac{\sum A_0Q_1}{\sum A_0Q_0}$$

其中，$\frac{\sum A_1Q_1}{\sum A_0Q_0}$为经费投入变化对生均经费变化所产生的影响；$\frac{\sum A_0Q_1}{\sum A_0Q_0}$为在学研究生数变化对生均经费变化所产生的影响。本报告将在年度变化的对比分析中，分离出相关因素的影响。

二、省域研究生教育质量排名

本节将分指标对各省研究生教育的条件支撑度、教育贡献度和社会适应度进行排名。

（一）条件支撑度排名

条件支撑度排名主要是依据各省科研经费、基金项目、导师规模、学科平台等多个维度对各省研究生的培养条件进行排名，以反映最新一年各省培养条件的现状。

1. R&D 经费支出

从生均高等学校R&D经费内部支出来看，得分最高的为天津，总支出达到61.2亿，生均支出达到11.5万元

生均高等学校 R&D 经费内部支出反映的是研究生培养所具备的经费基础。生均支出越高，说明经费基础越牢固。从生均高等学校 R&D 经费内部支出来看，得分最高的为天津，总支出达到 61.2 亿，生均支出达到 11.5 万元。其次为浙江，总支出达到 56.1 亿，生均支出达到 8.8 万元。作为高等教育 R&D 经费内部支出总量最多地区北京（162.65 亿）、上海（86.64 亿）和江苏（91.40 亿），由于其域内在学研究生数也最多，故其生均支出仅分别为 5.25 万元、6.27 万元和 5.90 万元。此外，西藏表现值得关注，其生均支出达到 7.64 万元，位列第 3（表 4-3）。这在一定程度体现：研究生聚集的省市不一定具有与之规模匹配的支撑条件，而研究生稀少的省市可能生均资源充足。

研究生聚集的省市不一定具有与之规模匹配的支撑条件，而研究生稀少的省市可能生均资源充足

表4-3 2015年分省份生均高等学校R&D经费内部支出排名

省份	高等学校R&D经费内部支出/万元	在学研究生数/人	生均高等学校R&D经费支出/元	得分	排名
天津	611820	53002	115433.36	100.00	1
浙江	561427	63528	88374.71	88.87	2
西藏	11283	1476	76443.62	83.96	3
广东	629667	89404	70429.43	81.48	4
黑龙江	409371	62044	65980.68	79.65	5
上海	866479	138287	62658.01	78.29	6
江苏	913873	155560	58747.32	76.68	7
安徽	272859	50410	54127.93	74.78	8
北京	1626476	309960	52473.74	74.10	9
四川	465250	89858	51776.11	73.81	10
河南	187075	37559	49808.35	73.00	11
辽宁	465524	94387	49320.83	72.80	12
山东	373713	77630	48140.30	72.31	13
湖北	545156	117934	46225.52	71.53	14
贵州	65231	15484	42127.99	69.84	15
广西	112496	26731	42084.58	69.82	16
宁夏	18250	4403	41449.97	69.56	17
山西	114327	28668	39879.78	68.92	18
吉林	226777	58087	39040.90	68.57	19
陕西	397362	101962	38971.57	68.54	20
湖南	261159	68870	37920.56	68.11	21
海南	17061	4519	37753.24	68.04	22
重庆	189929	50534	37584.32	67.97	23
福建	153655	41338	37170.35	67.80	24
江西	103843	28868	35971.77	67.31	25
云南	105504	32005	32964.84	66.07	26
青海	10507	3222	32609.53	65.92	27
河北	127417	40046	31817.63	65.60	28
甘肃	69583	29637	23478.43	62.17	29
新疆	40103	18031	22241.28	61.66	30
内蒙古	32707	17962	18209.13	60.00	31

备注：生均高等学校 R&D 经费内部支出 = 高等学校 R&D 经费内部支出 / 在学研究生数

基础研究是所有创新的源泉。高等学校在基础研究方面扮演着非常重要的角色。基础研究项目和经费对于支撑研究生开展原创性的研究具有重要意义。

从生均高等学校R&D基础研究经费支出来看，得分最高的为西藏，虽然其高等学校R&D基础研究经费内部支出只有7032万元，但由于学生人数非常少，生均高等学校R&D基础研究经费支出高达到4.8万元。其次为浙江，其高等学校R&D基础研究经费内部支出达到23.4亿，生均R&D经费支出达到3.7万元。作为高等教育R&D经费内部支出总量最多地区北京（62.2亿）、上海（37.8亿）和江苏（37.8亿），由于其在学研究生人数也多，故其生均R&D经费支出仅分别为2.0万元、2.2万元和2.7万元（表4-4）。

表4-4 2015年分省份生均高等学校基础研究R&D经费支出排名

省份	高等学校基础研究R&D经费内部支出/万元	在学研究生数/人	生均高等学校基础研究R&D经费支出/元	得分	排名
西藏	7032	1476	47641.78	100.00	1
浙江	233897	63528	36817.95	89.90	2
广东	303871	89404	33988.47	87.25	3
天津	172596	53002	32563.96	85.92	4
上海	378701	138287	27385.15	81.09	5
安徽	134804	50410	26741.50	80.49	6
广西	70682	26731	26442.07	80.21	7
江苏	378232	155560	24314.25	78.22	8
黑龙江	134143	62044	21620.56	75.71	9
山东	160993	77630	20738.46	74.89	10
贵州	31109	15484	20091.32	74.28	11
北京	622027	309960	20067.99	74.26	12
山西	56152	28668	19586.98	73.81	13

续表

省份	高等学校基础研究R&D经费内部支出 / 万元	在学研究生数/ 人	生均高等学校基础研究R&D经费支出/元	得分	排名
四川	175472	89858	19527.72	73.76	14
宁夏	8359	4403	18984.91	73.25	15
辽宁	162218	94387	17186.47	71.57	16
海南	7536	4519	16675.16	71.09	17
吉林	96540	58087	16619.91	71.04	18
云南	52799	32005	16497.12	70.93	19
湖南	111803	68870	16233.97	70.68	20
江西	45673	28868	15821.25	70.30	21
青海	4925	3222	15284.66	69.79	22
河南	57160	37559	15218.78	69.73	23
重 庆	69394	50534	13732.07	68.34	24
湖北	158686	117934	13455.52	68.09	25
陕西	136946	101962	13431.08	68.06	26
河北	49188	40046	12282.91	66.99	27
新疆	19795	18031	10978.29	65.77	28
甘肃	27762	29637	9367.46	64.27	29
福建	33184	41338	8027.56	63.02	30
内蒙古	8609	17962	4792.79	60.00	31

备注：生均高等学校基础研究的 R&D 经费内部支出 = 高等学校基础研究 R&D 经费内部支出 / 在学研究生数

2. 基金项目

排名得分第一的为北京，它在2016年国家社会科学基金重大项目的申报中获得65项资助，在国家自然科学基金的重大项目申报中获得23项资助

本报告分析的基金项目为国家自然科学基金和国家社科基金的重大项目、重点项目和面上项目。由于本报告将人文社科和自然科学视为同等重要，分别将自然科学基金和社会科学基金经费数进行标准化后再计算其平均数，获得最后得分。排名得分第一的为北京，它在 2016 年国家社会科学基金重大项目的申报中获得 65 项资助，在国家自然科学基金的重大项目申报中获得 23 项资助。上海在 2016 年国家自然科学基金重大项目的申报中获得 6 项资助，在国家社会科学基金的重大项目中获得 38 项资助。由于上海在 2016 年社会科学基金获批项目与北京差距显著，故其总得分屈居第二。江苏在 2016 年国家自然科学基金重大项目的申报中获得 13 项资助，在国家社会科学基金的重大项目中获得 14 项资助，总体排名位列第三。广东在 2016 年国家自然科学基金重大项目中获得 7 项资助，在社会科学基金的重大项目申报中获得 20 项资助，故其总排名位列第四。民族地区虽然总体表现平平，但内蒙古和西藏均在社会科学基金重大项目申报中获得资助，这表明该两地区在一些特色的研究领域做出了较大探索（表 4-5）。

表4–5　2016年分省份基金项目获批数量、经费、得分与排名

省份	国家自然科学基金				国家社会科学基金				总得分	排名
	重大	重点	面上	经费/元	重大	重点	面上	经费/元		
北京	23	203	3343	277708	65	64	233	12100	100	1
上海	6	78	1903	137569	38	16	175	7100	81	2
江苏	13	45	1760	127043	14	32	213	6500	79	3
广东	7	37	1278	91143	20	20	123	4760	74	4
湖北	2	31	1022	71714	16	13	143	4595	72	5
浙江	4	28	862	61249	11	20	138	4340	71	6

续表

省份	国家自然科学基金				国家社会科学基金				总得分	排名
	重大	重点	面上	经费/元	重大	重点	面上	经费/元		
湖南	0	9	550	34842	7	11	126	3465	68	8
陕西	4	25	825	59275	6	8	76	2280	67	9
四川	2	18	537	38063	8	11	89	2805	67	10
辽宁	3	21	629	45576	1	6	79	1870	66	11
天津	2	16	455	32636	5	10	55	1850	65	12
福建	2	5	379	25464	8	4	63	2040	64	13
安徽	4	23	458	37433	1	3	65	1485	64	14
河南	1	2	271	17384	0	4	106	2260	64	15
吉林	4	11	328	25295	5	8	62	1920	64	16
重庆	0	12	378	25229	2	5	0	1735	64	17
黑龙江	1	15	507	35265	0	4	53	1200	64	18
江西	0	1	47	3119	3	5	84	2095	63	19
云南	0	1	108	6847	6	3	65	1885	63	19
甘肃	1	9	200	16158	2	0	40	960	62	21
河北	1	2	130	9096	3	4	40	1180	62	22
广西	1	1	44	3597	2	4	50	1300	62	23
新疆	0	1	41	2804	1	3	57	1325	62	24
山西	0	3	109	7166	1	3	35	885	61	25
内蒙古	0	2	14	1433	3	3	34	1025	61	26
贵州	0	1	42	3062	1	2	27	690	61	27
青海	0	0	7	419	1	0	26	600	60	28
西藏	0	0	3	191	1	2	18	510	60	29
海南	0	0	20	1240	1	2	15	450	60	30
宁夏	0	0	6	327	0	0	24	480	60	31

备注：①社会科学基金经费数据按照面上项目 20 万、重点项目 35 万以及重大项目 80 万计算得出；②总得分为社会科学基金得分和自然科学基金得分的平均数。

3. 学科平台

本报告选取 ESI 排名前 1% 的学科（简称 ESI 排名）和教育部学位与研究生教育发展中心实施的第三轮学科评估排名前 10% 学科（简称学位中心排名）作为优秀学科，以反映各省市学科平台的质量。由于 ESI 排名主要看重在 SCI/SSCI 期刊上的发文量、被引频次以及篇均被引，指标较为局限，且我国学者（特别是人文社科学者）主要在国内期刊上发表论文，故在征求相关专家意见的基础上，本报告赋予基于学位中心排名所计算的学科优秀相对系数 0.65 的权重，赋予基于 ESI 排名所计算的学科优秀相对系数 0.35 的权重，并以此加权得到优秀相对系数值，并进行标准化得到各省得分（表 4-6），按照各省优秀学科的绝对数来看，北京地区的数量最多。但将省内一级学科博士点的规模考虑在内，按照优秀学科数与一级学科博士点数的比例来考察各省学科平台的质量时，北京屈居第三，浙江跃居第一。浙江在学位中心排名中有 30 个学科入选，在 ESI 排名中有 36 个学科入选，而省内仅有 84 个一级学科博士点。因此，其加权优秀相对系数为 38.21，高于北京、上海，位列第一。

按优秀学科数与一级学科博士点数比例排名，浙江跃居第一

值得关注的是排名 12 的甘肃，虽然它在学位中心第三轮学科评估中仅有 3 个学科进入 10%，有 12 个ESI排名前 1%的学科，但省内一级学科博士点较少（仅有 45 个），故加权的学科优秀相对系数较为靠前，为 15.22（表 4-6）。

这在某种程度上可为省域学科建设的路径提供了参考：不应单纯强调学科点数量的外延式增长，应该强调学科的优秀率，将已具有博士学位授权点的学科做精做强，宁缺毋滥。

不应单纯强调学科点数量的外延式增长，应该强调学科的优秀率，将已具有博士学位授权点的学科做精做强，宁缺毋滥

表4-6 2016年分省份学科平台质量排名

省份	优秀学科数		一级学科博士点数	学科优秀相对系数		加权优秀相对系数	得分	排名
	学位中心	ESI		学位中心	ESI			
浙江	30	36	84	35.71	42.86	38.21	100.00	1
上海	61	81	214	28.50	37.85	31.78	93.26	2
北京	164	123	549	29.87	22.40	27.26	88.53	3
湖北	43	51	182	23.63	28.02	25.16	86.34	4
湖南	31	31	129	24.03	24.03	24.03	85.15	5
天津	20	19	85	23.53	22.35	23.12	84.20	6
广东	21	48	141	14.89	34.04	21.60	82.60	7
江苏	41	85	281	14.59	30.25	20.07	81.01	8
安徽	10	21	75	13.33	28.00	18.47	79.33	9
黑龙江	14	22	96	14.58	22.92	17.50	78.32	10
山东	9	43	125	7.20	34.40	16.72	77.50	11
甘肃	3	14	45	6.67	31.11	15.22	75.93	12
四川	15	23	117	12.82	19.66	15.21	75.92	13
福建	8	17	79	10.13	21.52	14.11	74.70	14
重庆	7	14	71	9.86	19.72	13.31	73.93	15
辽宁	8	26	115	6.96	22.61	12.43	73.02	16
吉林	9	14	91	9.89	15.38	11.81	72.37	17
陕西	13	35	181	7.18	19.34	11.44	71.97	18
江西	1	5	25	4.00	20.00	9.60	70.05	19
云南	2	4	34	5.88	11.76	7.94	68.31	20
河南	2	9	60	3.33	15.00	7.42	67.76	21
广西	0	4	22	0.00	18.18	6.36	66.66	22
河北	0	7	57	0.00	12.28	4.30	64.50	23
山西	0	5	46	0.00	10.87	3.80	63.95	24

续表

省份	优秀学科数		一级学科博士点数	学科优秀相对系数		加权优秀相对系数	得分	排名
	学位中心	ESI		学位中心	ESI			
贵州	0	1	14	0.00	7.14	2.50	62.62	25
新疆	0	1	24	0.00	4.17	1.46	61.53	26
海南	0	0	9	0.00	0.00	0.00	60.00	27
内蒙古	0	0	25	0.00	0.00	0.00	60.00	
宁夏	0	0	8	0.00	0.00	0.00	60.00	
青海	0	0	4	0.00	0.00	0.00	60.00	
西藏	0	0	3	0.00	0.00	0.00	60.00	

备注：①学科优秀相对系数 = ESI 优秀学科数（学位中心优秀学科数）/ 一级学科博士点数 ×100；②加权优秀相对系数 = ESI 学科优秀相对系数 ×0.35+ 学位中心学科优秀相对系数 ×0.65；③得分为加权优秀相对系数的标准化得分；④学位中心优秀学科数为 2012 年数据，ESI 学科数为 2016 年数据：

4. 导师规模

河南、青海、海南和宁夏四省份生师比均低于4

按照研究生生师比对各省进行排名，研究生生师比最低的前四位为河南、青海、海南和宁夏。该四省份的生师比均低于 4，这意味着不超过 4 位研究生就可以拥有 1 位研究生导师。而在北京，平均每 5 位研究生才拥有 1 位研究生导师，在上海，平均每 6.71 位研究生才能拥有 1 位研究生导师。因此，从某种意义上讲，研究生聚集的省域师资数量相对较少，研究生稀少的省域师资力量反而相对较为充足。值得提醒的是排名最后一位的吉林，其生师比最高，为 7.14，这意味着平均超过 7 位研究生才能有 1 名导师指导。而其硕士生师比更高，达到 7.34，若以硕士学制为三年计算，则平均每位导师每年会带 2 位以上的硕士研究生（表 4-7)。

表4-7　2014年分省份研究生生师比排名

省份	博士生师比	硕士生师比	研究生生师比	得分	排名
河南	1.49	3.31	3.38	100.00	1
青海	0.77	3.56	3.49	98.74	2
海南	1.12	3.53	3.7	96.54	3
宁夏	1.95	3.73	3.77	95.86	4
新疆	1.96	4.05	4.16	92.50	5
山东	3.12	3.87	4.32	91.30	6
江西	1.73	4.26	4.37	90.94	7
广西	1.84	4.26	4.37	90.94	
贵州	2.75	4.31	4.42	90.59	9
河北	2.94	4.4	4.58	89.52	10
内蒙古	3.21	4.34	4.59	89.46	11
云南	2.79	4.46	4.8	88.17	12
西藏	0.76	4.82	4.82	88.05	13
福建	3.23	4.38	4.92	87.48	14
北京	3.71	3.97	5.04	86.83	15
广东	3.69	4.46	5.14	86.30	16
山西	3.42	4.79	5.16	86.20	17
浙江	4.28	4.48	5.39	85.08	18
黑龙江	3.88	4.59	5.43	84.90	19
安徽	3.71	5.03	5.59	84.19	20
湖南	4.98	4.94	5.9	82.92	21
江苏	3.94	5.2	5.96	82.68	22
甘肃	3.81	5.33	5.96	82.68	23
天津	4.19	5.54	6.06	82.31	24
重庆	3.96	5.55	6.14	82.02	25
湖北	4.36	5.38	6.25	81.63	26

续表

省份	博士生师比	硕士生师比	研究生生师比	得分	排名
辽宁	4.89	5.49	6.34	81.32	27
四川	4.43	5.68	6.43	81.03	28
陕西	4.32	5.58	6.53	80.70	29
上海	4.19	5.81	6.71	80.15	30
吉林	5.45	7.34	7.14	78.94	31

备注：①研究生导师可分为博士研究生导师（以下简称博士导师）、硕士研究生导师（以下简称硕士导师）和博士研究生硕士研究生导师（以下简称博士硕士导师）三种类型，博士导师仅指导博士研究生，硕士导师仅指导硕士研究生，博士、硕士研究生导师既指导博士研究生也指导硕士研究生；②在学研究生数为全口径，包括不同类型、不同形式和不同层次的研究生；③博士生师比 = 在校博士研究生数 /（博士导师数 + 博士硕士导师数）；硕士生师比 = 在校硕士研究生数 /（硕士导师数 + 博士硕士导师数）；研究生导师数 = 硕士导师数＋博士导师数＋博士硕士导师数；研究生生师比 = 在校研究生总数 /（硕士导师数＋博士导师数＋博士硕士导师数）；④数据来源于《中国学位与研究生教育发展年度报告（2015）》；⑤由于生师比不存在绝对 0 点，故标准化得分的方式略有不同，其公式为$y_i=100-40*(x_i-x_{min})/(x_{max}-x_{min})$。

5. 研究生教研

本报告衡量省域研究生教研情况的指标有两项：一为各省在教育类 CSSCI 期刊上发表的研究生教育领域的论文，二为获得第一届和第二届“中国学位与研究生教育优秀成果奖”中教育研究类的相关成果（因优秀成果奖中教育研究类的获奖过少，故将两届合并计算）。

北京排名第一，其域内学者发表在教育类CSSCI期刊上关于研究生教育的学术论文数超过100篇

从论文发表的情况来看，北京排名第一，其域内学者发表在教育类 CSSCI 期刊上关于研究生教育的学术论文数超过 100 篇，与第二名江苏、第三名上海和第四名广东所发表的论文之和基本相当。内蒙古、海南、西藏、青海、宁夏以及新疆的研究生教研的积累尚浅，没有在本报告统计的 CSSCI 期刊上发过关于研究生教育领域的学术文章（表 4-8）。

从“中国学位与研究生教育优秀成果奖”的获得来看，第二届教育研究类的一等奖获得单位中国科技大学，所在省份为安徽，二等奖获得单位北京师范大学所在省市为北京（表 4-8）。

表4-8　2015年分省份研究生教育规律探索排名

省份	研究生教育领域CSSCI论文/篇	中国学位与研究生教育优秀成果奖(研究类)					得分	排名
		第一届/项		第二届/项		加权数		
		一等奖	二等奖	一等奖	二等奖			
北京	103	2	1	0	1	163	100.00	1
江苏	54	0	1	0	0	64	75.71	2
安徽	28	0	0	1	0	48	71.78	3
湖北	30	0	0	0	0	30	67.36	4
湖南	20	0	1	0	0	30	67.36	
上海	29	0	0	0	0	29	67.12	6
浙江	16	0	0	0	0	16	63.93	7
广东	14	0	0	0	0	14	63.44	8
陕西	12	0	0	0	0	12	62.94	9
山东	10	0	0	0	0	10	62.94	10
天津	9	0	0	0	0	9	62.21	11
重庆	8	0	0	0	0	8	61.96	12
吉林	7	0	0	0	0	7	61.72	13
黑龙江	6	0	0	0	0	6	61.47	14
四川	6	0	0	0	0	6	61.47	
辽宁	5	0	0	0	0	5	61.23	16
河南	4	0	0	0	0	4	60.98	17

续表

省份	研究生教育领域CSSCI论文/篇	中国学位与研究生教育优秀成果奖(研究类)					得分	排名
		第一届/项		第二届/项		加权数		
		一等奖	二等奖	一等奖	二等奖			
河北	3	0	0	0	0	3	60.74	18
山西	3	0	0	0	0	3	60.74	
贵州	3	0	0	0	0	3	60.74	
甘肃	3	0	0	0	0	3	60.74	
福建	2	0	0	0	0	2	60.49	22
江西	2	0	0	0	0	2	60.49	
广西	1	0	0	0	0	1	60.25	24
云南	1	0	0	0	0	1	60.25	
内蒙古	0	0	0	0	0	0	60.00	26
海南	0	0	0	0	0	0	60.00	
西藏	0	0	0	0	0	0	60.00	
青海	0	0	0	0	0	0	60.00	
宁夏	0	0	0	0	0	0	60.00	
新疆	0	0	0	0	0	0	60.00	

备注：①本研究检索的教育类CSSCI期刊包括《学位与研究生教育》《研究生教育研究》《教育研究》《高等教育研究》《中国高等教育》《中国高教研究》《北京大学教育评论》《清华大学教育研究》《教育发展研究》《江苏高教》《高教探索》《现代大学教育》以及《大学教育科学》，检索关键词为“导师”“研究生”“硕士”“博士”和“学位”；②在征求相关专家基础上，1篇CSSCI期刊计分为1，1项“中国学位与研究生教育优秀成果二等奖”计分为10，1项“中国学位与研究生教育优秀成果一等奖”计分为20，加权数=CSSCI论文数+10×二等奖数+20×一等奖数+40×特等奖数；③单位统计口径为第一作者单位；

6. 国际交流与合作

北京的中外合作办学项目最多，有56个

国际交流与合作是反映一省研究生教育质量的重要方面。从各省份硕士及以上中外合作办学项目数上来看，北京的合作办学项目最多，有 56 个，上海次之有 38 个，此外，有 10 个省份尚未拥有教育部复核通过的中外合作办学项目（表 4-9）。

表4–9　2017年分省份硕士及以上中外合作办学项目数排名

省份	合作办学项目数	得分	排名
北京	56	100.00	1
上海	38	87.64	2
浙江	19	73.82	3
天津	14	70.18	4
广东	14	70.18	5
江苏	11	68.00	6
江西	9	66.55	7
四川	8	65.82	8
重庆	6	64.36	9
山东	6	64.36	10
湖北	6	64.36	11
陕西	6	64.36	12
黑龙江	5	63.64	13
辽宁	5	63.64	14
云南	3	62.18	15
安徽	2	61.45	16
河北	2	61.45	17
福建	1	60.73	18
湖南	1	60.73	19
吉林	1	60.73	20
贵州	1	60.73	21

数据来源：中国教育部中外合作办学监管工作信息平台 http://www.crs.jsj.edu.cn// 。

7. 专业学位

专业学位是适应社会需求建立的学位类型，其发展状况能够在一定程度上反映省域研究生教育对应用型人才需求的支撑。限于数据的可得性，本报告对专业学位发展状况的分析主要采用专业学位的教学案例、博士点和硕士点作为指标。

博士专业学位授权点数前三名为北京、上海和江苏，专业学位硕士点数前三名为北京、江苏和湖北

博士专业学位授权点数量最多的前三名省市分别为北京、上海和江苏，且北京数量要远远高于上海和江苏。部分省份，如西藏、山西和海南等目前暂无博士专业学位授权点。专业学位硕士点最多的前三名省市为北京、江苏和湖北，宁夏、青海和西藏均设有10—30个硕士专业学位授权点。教学案例数量前三名省市为北京、广东和上海。目前，贵州、宁夏和青海暂无进入教育部学位与研究生教育发展中心案例库的教学案例（表4-10）。

表4-10　2017年分省份专业学位点及教学案例数排名

省份	博士专业学位点			省份	硕士专业学位点			省份	教学案例		
	数量	得分	排名		数量	得分	排名		数量	得分	排名
北京	22	100.00	1	北京	790	100.00	1	北京	203	100.00	1
上海	14	85.45	2	江苏	580	89.23	2	广东	160	91.53	2
江苏	10	78.18	3	湖北	428	81.11	3	上海	133	86.21	3
广东	9	76.36	4	山东	422	81.13	4	湖北	93	78.33	4
湖北	8	74.55	5	陕西	415	80.77	5	江苏	81	75.96	5
陕西	8	74.55	6	上海	377	78.82	6	辽宁	77	75.17	6
河北	7	72.73	7	辽宁	373	78.62	7	湖南	76	74.98	7
山东	7	72.73	8	四川	310	75.38	8	天津	74	74.58	8
湖南	6	70.91	9	广东	307	75.23	9	吉林	73	74.38	9
吉林	6	70.91	10	河北	302	74.97	10	江西	72	74.19	10

续表

省份	博士专业学位点			省份	硕士专业学位点			省份	教学案例		
	数量	得分	排名		数量	得分	排名		数量	得分	排名
四川	6	70.91	11	湖南	276	73.64	11	四川	47	69.26	11
浙江	6	70.91	12	河南	255	72.56	12	山东	43	68.47	12
重庆	6	70.91	13	黑龙江	251	72.36	13	浙江	41	68.08	13
黑龙江	5	69.09	14	浙江	236	71.59	14	陕西	40	67.88	14
天津	4	67.27	15	天津	224	70.97	15	重庆	37	67.29	15
安徽	3	65.45	16	安徽	217	70.62	16	安徽	29	65.71	16
甘肃	3	65.45	17	吉林	213	70.41	17	福建	25	64.93	17
辽宁	3	65.45	18	重庆	185	68.97	18	河南	25	64.93	18
新疆	2	63.64	19	江西	181	68.77	19	黑龙江	23	64.53	19
福建	1	61.82	20	福建	158	67.59	20	广西	19	63.74	20
广西	1	61.82	21	云南	149	67.13	21	河北	16	63.15	21
河南	1	61.82	22	山西	145	66.92	22	内蒙古	16	63.15	22
江西	1	61.82	23	甘肃	134	66.36	23	云南	10	61.97	23
云南	0	60.00	24	广西	122	65.74	24	甘肃	9	61.77	24
山西	0	60.00	25	新疆	108	65.03	25	新疆	8	61.58	25
内蒙古	0	60.00	26	内蒙古	100	64.62	26	山西	5	60.99	26
贵州	0	60.00	27	贵州	71	63.13	27	海南	4	60.79	27
海南	0	60.00	28	海南	34	61.23	28	贵州	0	60.00	28
宁夏	0	60.00	29	宁夏	26	60.82	29	宁夏	0	60.00	29
青海	0	60.00	30	青海	14	60.21	30	青海	0	60.00	30
西藏	0	60.00	31	西藏	10	60.00	31	西藏	0	60.00	31

备注：专业学位教学案例的统计口径包括会计、工商管理、教育、工程管理、法律、汉语国际教育、风景园林、药学、兽医、旅游管理、税务、保险、警务、林业、中医、临床医学，公共管理由于未显示学校，故未纳入统计；所有统计仅限院校，不包含市政委以及企业等组织机构。

（二）教育贡献度排名

教育贡献度是指在全国范围内具有较高水平的研究生培养成果。限于数据可得性，本报告主要统计拥有科学研究经历的研究生人数比例、各类研究生竞赛获奖数以及中国学位与研究生教育成果奖（实践类）的获奖数。

1. 拥有科学研究经历的学术学位研究生人数比例

学术学位研究生是否具有参与科学研究项目的经历是研究生培养的重要特征，也是在学研究生科技贡献的重要体现。科研项目的参与不仅能够培养研究生专业领域的研究能力，也能培养学生项目管理、团队合作以及人际交往等方面的“软能力”。由于科研项目参与率与学科性质密切相关，从全国平均水平来看，人文社科的科研参与率为 11.46%，理工农医的科研参与率为 76.08%。因此，我们分别计算人文社科类研究生的科研参与率和理工农医类研究生的科研参与率得分，再计算其平均得分。

需要特别说明的是，本统计可能存在着一定的误差：①由于数据来源于不同学科的统计年鉴，统计口径有略微不同。人文社科参与科研的研究生数是指当年已具有科研经历，且被纳入 R&D 人员统计的在学研究生数，统计时间为 2014 年（2015 年数据尚未发布），但理工农医参与科研的研究生数由于缺乏对应的统计口径，采用当年正参加 R&D 课题研究的在学研究生数替代，统计时间为 2015 年；②专业学位在校研究生也可能参与科学研究，但在校研究生规模的统计仅包括学术学位研究生，因此在宁夏、云南等省、自治区出现了理工农医类参与科研的研究生数超过学术学位在学研究生数的情况；③由于研究生可能参与多个科研项目，故可能出现参与科研项目的研究生数(人次)多于在学研究生总数的情况。

排名第一的浙江省，其理工农医的科研参与率高达96.24%，人文社科的科研参与率也高达27.15%

排名第一的浙江省，其理工农医的科研参与率高达 96.24%，人文社科的科研参与率也高达 27.15%。这意味着平均来看，浙江的理工农医类学术学位的在学研究生几乎人均拥有参与一次科研项目的经历。北京、上海参与科研的研究生数量虽然非常多，但相对于其省内较大的学术学位在学研究生规模，其科研参与率较低。值得关注的是云南、宁夏，虽然两省、自治区在学研究生规模较小，但其研究生参与科学研究项目的比率，特别是在理工农医领域较高，理工农医领域的在学研究生人均拥有参与 1 次以上的科研项目的经历（表 4-11）。

表4-11　2015年分省份学术学位在学研究生科研项目参与经历的比率排名

省份	参与科研的研究生数/人		学术学位在学生数/人		在学研究生科研项目参与经历的比率/%		得分	排名
	人文社科	理工农医	人文社科	理工农医	人文社科	理工农医		
浙江	3195	27207	11770	28271	27.15	96.24	100.00	1
宁夏	98	2122	1006	1655	9.74	128.22	93.43	2
云南	1155	11500	8387	10178	13.77	112.99	92.12	3
天津	3156	16629	12358	21345	25.54	77.91	91.69	4
四川	5884	26931	20562	39037	28.62	68.99	91.67	5
江苏	5966	59887	27083	76776	22.03	78.00	88.06	6
广东	2866	34150	19051	35291	15.04	96.77	87.58	7
贵州	107	6953	3125	5457	3.42	127.41	86.56	8
青海	81	799	926	754	8.75	105.97	84.34	9
湖南	2793	20346	16077	26697	17.37	76.21	82.56	10
甘肃	1278	7015	6399	12821	19.97	54.71	77.49	11
吉林	1953	16204	16688	21920	11.70	73.92	75.82	12
福建	858	12467	9425	15528	9.10	80.29	75.42	13
北京	10596	92896	69466	150028	15.25	61.92	75.18	14
上海	3517	40792	32324	55340	10.88	73.71	74.89	15
山西	948	7314	6767	11467	14.01	63.78	74.55	16
重庆	1793	12062	14200	18113	12.63	66.59	74.13	17
陕西	2645	30165	17779	51314	14.88	58.79	73.65	18
内蒙古	59	5590	4296	5980	1.37	93.48	72.13	19
海南	86	1044	1076	1430	7.99	73.01	71.62	20

续表

省份	参与科研的研究生数 / 人		学术学位在学生数 / 人		在学研究生科研项目参与经历的比率 / %		得分	排名
	人文社科	理工农医	人文社科	理工农医	人文社科	理工农医		
河北	1023	8403	7814	16694	13.09	50.34	68.73	21
辽宁	1630	25463	20354	40113	8.01	63.48	68.19	22
广西	274	7142	6494	9809	4.22	72.81	67.62	23
湖北	2361	31000	31666	48846	7.46	63.46	67.61	24
安徽	705	13753	8310	22938	8.48	59.96	67.41	25
山东	595	23215	16237	32345	3.66	71.77	66.66	26
江西	128	6196	7566	8283	1.69	74.80	65.70	27
新疆	411	2811	4445	5647	9.25	49.78	64.52	28
西藏	26	157	1108	231	2.35	67.97	63.91	29
河南	440	8431	7705	14632	5.71	57.62	63.67	30
黑龙江	233	18697	10703	32428	2.18	57.66	60.00	31

备注：①各学科在校研究生有科研项目参与经历的比率 = 参与科研的研究生数 / 学术学位在校生数；②得分 =（人文社科标准化得分 + 理工农医标准化得分）/2

2. 各类竞赛获奖数

中国研究生创新实践系列大赛是教育部学位与研究生教育发展研究中心主办的研究生群体的科技创新赛事，这些赛事的很多获奖作品都转化成为了科研成果或者各类专利，为我国经济社会发展和科技创新做出了较大的贡献。

从中国研究生创新实践系列大赛奖励数量看，上海稳居第一

从各省市获得中国研究生创新实践系列大赛奖励来看，上海稳居第一，遥遥领先，累计在全国研究生智慧城市技术与创意设计大赛、全国研究生移动终端应用设计创新大赛、全国研究生数学建模竞赛、中国研究生电子设计竞赛和中国研究生公共管理案例大赛中获得39项一等奖、547项二等奖和619项三等奖。北京、

陕西虽获奖总数不及上海、江苏，但均获得特等奖 1 项。其中，北京大学获得为全国研究生智慧城市技术与创意设计大赛特等奖，西北工业大学获得中国研究生电子设计竞赛特等奖。获奖加权数在 10 以下的有：海南、内蒙古和贵州，其中贵州和内蒙古仅获得 1 项奖励。这表明这 3 个省、自治区应在研究生培养上多下功夫，力求更多的研究生能够在全国大赛中脱颖而出（表 4-12）。

表4-12　2016年分省份在学研究生获得中国研究生创新实践系列大赛奖励排名

省份	特等奖	一等奖	二等奖	三等奖	加权数	得分	排名
上海	0	39	547	610	1860	100.00	1
江苏	0	30	240	225	825	77.73	2
北京	1	36	133	197	615	73.14	3
陕西	1	27	129	167	541	71.62	4
湖北	0	31	129	123	505	70.84	5
山东	0	10	93	107	333	67.14	6
浙江	0	11	59	75	237	65.08	7
湖南	1	8	59	66	224	64.80	8
重庆	0	7	49	87	213	64.56	9
四川	1	12	41	59	197	64.22	10
辽宁	0	8	38	71	179	63.83	11
河南	0	6	38	36	136	62.90	12
广东	0	7	33	30	124	62.65	13
黑龙江	1	2	29	49	123	62.63	14
安徽	0	7	30	28	116	62.47	15
吉林	0	2	24	35	91	61.94	16
江西	0	5	12	33	77	61.64	17
广西	0	5	14	28	76	61.61	18
天津	0	4	14	26	70	61.48	19
河北	0	3	12	30	66	61.40	20
福建	0	3	14	23	63	61.33	21

续表

省份	特等奖	一等奖	二等奖	三等奖	加权数	得分	排名
云南	0	0	10	24	44	60.93	22
甘肃	0	0	4	19	27	60.56	23
宁夏	0	2	3	7	21	60.43	24
新疆	0	0	2	8	12	60.24	25
山西	0	1	2	4	12	60.24	26
海南	0	1	2	2	10	60.19	27
内蒙古	0	0	1	0	2	60.02	28
贵州	0	0	0	1	1	60.00	29

备注：①中国研究生创新实践系列大赛包括全国研究生智慧城市技术与创意设计大赛、全国研究生移动终端应用设计创新大赛、中国研究生未来飞行器创新大赛、全国研究生数学建模竞赛、中国石油工程设计大赛、中国研究生电子设计竞赛、中国研究生石油装备创新设计大赛、中国研究生公共管理案例大赛和中国 MPAcc 学生案例大赛；②考虑部分大赛具有很强的专业性，故本报告仅统计五大赛事：全国研究生智慧城市技术与创意设计大赛、全国研究生移动终端应用设计创新大赛、全国研究生数学建模竞赛、中国研究生电子设计竞赛和中国研究生公共管理案例大赛；③竞赛获奖数的加权数量 = 三等奖数 +2 × 二等奖数 +4 × 一等奖数 +8 × 特等奖数；④西藏和青海没有获得奖励，故未计入统计表。

3. 中国学位与研究生教育成果奖（实践类）获奖数

北京获得研究生教育优秀成果奖一等奖3项、二等奖6项

获得中国学位与研究生教育学会所颁发的优秀成果奖（教育实践类）的数量能在一定程度反映各省研究生培养实践的先进经验，这些优秀成果对各省开展研究生教育也起到了良好的示范和启发作用。北京作为知名高校的聚集地获得了绝大多数的奖励，其中包括一等奖 3 项、二等奖 6 项（表 4-14）。值得关注的是，江苏省获得一等奖 2 项、二等奖 5 项，超过上海，在研究生教育优秀成果奖（教育实践类）数排名中名列第二，充分反映其在研究生培养实践领域所积累的优秀经验。此外，安徽没有获得第二届中国学位与研究生教育学会优秀成果奖（教育实践类）（表 4-13）。

表4-13 2016年分省份第二届中国学位与研究生教育成果奖（实践类）获奖数排名

省份	一等奖	二等奖	加权数	得分
北京	3	6	12	100.00
江苏	2	5	9	90.00
上海	0	4	4	73.33
陕西	1	2	4	73.33
浙江	0	3	3	70.00
广东	1	1	3	70.00
湖北	0	2	2	66.67
福建	0	2	2	66.67
吉林	1	0	2	66.67
黑龙江	0	1	1	63.33
天津	0	1	1	63.33
湖南	0	1	1	63.33
重庆	0	1	1	63.33
辽宁	0	1	1	63.33
四川	0	1	1	63.33
安徽	0	0	0	60.00

备注：加权的获奖数 = 二等奖数量 ×1 一等奖数量 ×2。

（三）社会适应度

社会适应度衡量的是各省研究生教育的发展是否与其经济社会发展相适应、是否依据经济社会发展变化来调整自身的发展速度。在研究生教育逐步推进省级统筹的背景下，省域研究生教育与经济社会发展的适应度愈发显得重要。本报告从三个方面考察社会适应度：经济适应度、科技适应度和人口适应度。

1. 经济适应度

经济适应度的考察主要包括两个方面：省域研究生教育规模与经济发展水平的适应度以及省域研究生教育结构与产业结构的适应度。

上海、河南、广西、江西、广东和宁夏近5年研究生招生规模的变化与其GDP的变化呈现正向的中度、高度相关

上海、河南、广西、江西、广东和宁夏近 5 年研究生招生规模的变化与其 GDP 的变化呈现正向的中度、高度相关（相关系数为 0.4—0.8），说明这些省份研究生的招生可能较好地考虑 GDP 变化所表征的经济发展需求变化。海南、北京、贵州、安徽、四川、湖北和陕西 5 年研究生招生规模的变化与其 GDP 的变化相关性非常低（相关系数的绝对值小于 0.1），说明这些省份研究生的招生可能没有太考虑经济发展需求的变化。天津、福建两省研究生的招生可能完全没有考虑经济发展需求的变化，相关系数呈负向的中度相关（表 4-14）。

表4-14　分省份研究生招生规模增量与GDP增量的相关系数（2011—2015）

省份	研究生招生规模增量与GDP增量相关系数	得分	排名
上海	0.77	100.00	1
河南	0.62	95.88	2
广西	0.60	95.16	3
江西	0.46	91.13	4
广东	0.42	90.07	5
宁夏	0.40	89.47	6
江苏	0.36	88.30	7
湖南	0.27	85.80	8
吉林	0.24	84.98	9
新疆	0.24	84.96	10
甘肃	0.21	84.15	11
山东	0.19	83.63	12

续表

省份	研究生招生规模增量与GDP增量相关系数	得分	排名
青海	0.18	83.39	13
浙江	0.18	83.22	14
云南	0.15	82.33	15
河北	0.11	81.33	16
海南	0.05	79.46	17
北京	0.04	79.15	18
贵州	0.03	78.88	19
安徽	0.02	78.74	20
四川	0.01	78.40	21
湖北	–0.03	77.35	22
陕西	–0.04	76.99	23
辽宁	–0.14	74.26	24
黑龙江	–0.17	73.20	25
重庆	–0.30	69.74	26
内蒙古	–0.33	68.65	27
山西	–0.34	68.50	28
西藏	–0.35	68.36	29
福建	–0.46	65.19	30
天津	–0.64	60.00	31

备注：①相关系数采用 Person 相关系数计算；②各省、自治区、直辖市研究生招生规模增量为 2011—2015 年数据，GDP 增量为 2009—2013 年数据；③相关系数的绝对值大于 0.7 说明二者呈高度相关，0.4—0.7 说明二者呈中度相关，低于 0.4 大于 0 说明二者呈高度相关

省域研究生教育结构与产业结构的适应度是运用第二产业 GDP 占比与理工科研究生招生人数占比的比值来衡量。若该比值在 1 附近，则说明该省研究生教育的结构与产业结构具有很高的适应度，若比值大于 1，这说明适应度较低。四川、安徽、甘肃、湖南、天津、山东、河北、浙江、重庆和湖北 10 省、直辖市的

适应度接近 1，说明这 10 个省份研究生教育的结构与产业结构的适应度很高，新疆、宁夏、青海和西藏的适应度偏离 1 很多，则反映这 4 个省、自治区研究生教育结构与产业结构的适应度很低（表 4-15）。

表4–15　2015年分省份第二产业GDP占比与理工科研究生占比的比值

省份	第二产业GDP占比 / %	理工科在学研究生数占比 / %	第二产业占比与理工科研究生占比的比值	得分	排名
四川	48.93	48.76	1.00	100.00	1
安徽	53.13	53.83	0.99	99.87	2
甘肃	42.80	42.24	1.01	99.85	3
湖南	46.17	45.49	1.01	99.79	4
天津	49.16	48.31	1.02	99.67	5
山东	48.44	47.60	1.02	99.67	6
河北	51.03	52.34	0.97	99.35	7
浙江	47.73	45.28	1.05	98.08	8
重庆	45.78	42.85	1.07	97.46	9
湖北	46.94	52.13	0.90	96.11	10
山西	49.32	44.51	1.11	95.74	11
辽宁	50.25	45.35	1.11	95.73	12
海南	25.02	22.41	1.12	95.36	13
陕西	54.14	61.56	0.88	95.19	14
江苏	47.40	55.11	0.86	94.36	15
上海	34.66	46.19	0.75	89.58	16
云南	41.22	32.90	1.25	89.45	17
广东	46.34	36.48	1.27	88.68	18
河南	50.99	38.37	1.33	86.12	19
黑龙江	36.87	55.54	0.66	85.82	20
福建	52.03	38.30	1.36	84.85	21

续表

省份	第二产业GDP占比 / %	理工科在学研究生数占比 / %	第二产业占比与理工科研究生占比的比值	得分	排名
内蒙古	51.32	36.89	1.39	83.43	22
广西	46.74	33.13	1.41	82.57	23
吉林	52.79	36.76	1.44	81.47	24
江西	52.49	34.80	1.51	78.34	25
贵州	41.63	27.30	1.52	77.62	26
北京	21.31	52.95	0.40	74.45	27
新疆	42.58	23.71	1.80	65.84	28
宁夏	48.74	25.31	1.93	60.19	29
青海	53.59	8.99	5.96	60.00	30
西藏	36.58	5.47	6.69	60.00	31

备注：第二产业占比与理工科研究生占比的比值 = 第二产业 GDP 占比 / 理工科在学研究生数占比。

2. 科技适应度

科技适应度是用省域研究生的招生规模增幅与滞后两期的技术市场成交额增量的相关系数来衡量。

宁夏、北京和重庆近5年研究生招生规模的变化与其技术市场成交额增量的变化呈现正向的高度相关（相关系数高于0.7）

宁夏、北京和重庆近 5 年研究生招生规模的变化与其技术市场成交额增量的变化呈现正向的高度相关（相关系数高于 0.7），贵州、海南、安徽、山东和江苏近 5 年研究生招生规模的变化与其技术市场成交额增量呈现正向的中度相关（相关系数为 0.4—0.7），说明上述省份研究生的招生可能很好地考虑了技术市场成交额变化所表征的科技需求变化。湖南、湖北、河南和陕西等 17 个省、自治区、直辖市 5 年研究生招生规模的变化与其技术市场成交额增量相关性非常低（相关系数的绝对值小于 0.1），有的省份甚至呈现较大程度的负向相关。这说明这些省份研究生的招生可能没有较多考虑科技需求的变化趋势（表 4-16）。

表4–16 分省份研究生招生规模增量与技术市场成交额增量的相关系数（2011—2015）

省份	研究生招生规模增量与技术市场成交额增量相关系数	得分	排名
宁夏	0.83	100.00	1
北京	0.81	99.61	2
重庆	0.79	98.99	3
贵州	0.69	96.74	4
海南	0.64	95.63	5
安徽	0.54	93.48	6
山东	0.51	92.63	7
江苏	0.45	91.30	8
青海	0.38	89.75	9
江西	0.36	89.20	10
山西	0.19	85.45	11
广西	0.16	84.62	12
新疆	0.14	84.15	13
湖南	–0.02	80.54	14
湖北	–0.10	78.74	15
河南	–0.17	77.03	16
陕西	–0.30	74.12	17
内蒙古	–0.38	72.41	18
四川	–0.49	69.80	19
广东	–0.50	69.61	20
甘肃	–0.51	69.36	21

续表

省份	研究生招生规模增量与技术市场成交额增量相关系数	得分	排名
上海	–0.55	68.49	22
福建	–0.65	66.27	23
浙江	–0.71	64.86	24
辽宁	–0.78	63.17	25
云南	–0.80	62.69	26
天津	–0.83	62.11	27
河北	–0.84	61.94	28
吉林	–0.86	61.43	29
黑龙江	–0.92	60.06	30
西藏	—	—	—

备注：①相关系数采用 Person 相关系数计算；②各省、自治区、直辖市研究生招生规模增量为 2011—2015 年数据，技术市场成交额增量为 2009—2013 年数据；③相关系数的绝对值大于 0.7 说明二者呈高度相关，0.4—0.7 说明二者呈中度相关，低于 0.4 大于 0 说明二者呈高度相关。

3. 人口适应度

本报告中人口适应度分为两个方面：①从存量上看，就业人口中具有研究生学历的人数所占比例是反映省域研究生教育对域内人口素质提升所起的贡献的重要指标，是其适应度的重要体现；②从增量上看，适应度可通过省域研究生的招生规模增幅与滞后两期的城镇人口增幅的相关系数来衡量。

北京、上海、天津是研究生“密度”最大的3个城市，就业人口中具有研究生学历人数的占比分别为6.1%，4.8%和2.3%

从 2015 年就业人口中具有研究生学历的人数占比可以看出，北京、上海、天津是研究生“密度”最大的 3 个城市，就业人口中具有研究生学历人数的占比分别为 6.1%，4.8% 和 2.3%。其他省、自治区、直辖市就业人口中具有研究生学历的人数占比均低于 1%，这说明从劳动力人口的素质上来看，其他省、自治区、直辖市较之于北京、上海和天津都有非常显著的距离（表 4-17）。

表4–17　2015年就业人口中具有研究生学历人数的比例

省份	就业人口中具有研究生学历的人数占比/%	得分	排名
北京	6.1	100.00	1
上海	4.8	91.33	2
天津	2.3	74.67	3
辽宁	0.9	65.33	4
重庆	0.9	65.33	5
江苏	0.9	65.33	6
山西	0.8	64.67	7
新疆	0.8	64.67	8
浙江	0.8	64.67	9
湖北	0.8	64.67	10
陕西	0.8	64.67	11
广东	0.6	63.33	12
福建	0.6	63.33	13
黑龙江	0.5	62.67	14
河北	0.5	62.67	15
山东	0.5	62.67	16
宁夏	0.4	62.00	17
四川	0.4	62.00	18
云南	0.4	62.00	19
江西	0.4	62.00	20
广西	0.4	62.00	21

续表

省份	就业人口中具有研究生学历的人数占比/%	得分	排名
甘肃	0.4	62.00	22
河南	0.4	62.00	23
吉林	0.4	62.00	24
安徽	0.4	62.00	25
湖南	0.4	62.00	26
海南	0.3	61.33	27
内蒙古	0.3	61.33	28
贵州	0.2	60.67	29
青海	0.2	60.67	30
西藏	0.1	60.00	31

贵州和上海近5年研究生招生规模的变化与其城镇人口增量呈现正向的高度相关（相关系数高于0.7）

从研究生招生规模增量与城镇人口增量的相关系数可以看出，贵州和上海近5年研究生招生规模的变化与其城镇人口增量呈现正向的高度相关（相关系数高于0.7），新疆、青海、江苏、宁夏和浙江近5年研究生招生规模的变化与其城镇人口增量呈现正向的中度相关（相关系数为0.4—0.7），说明上述省份的研究生的招生可能很好地考虑了人口数量的变化。但总体而言，省域研究生教育招生与城镇人口增量的联系不及与经济、科技联系的紧密。福建、西藏、山东、山西、河北和江苏等19个省、自治区、直辖市5年研究生招生规模的变化与其城镇人口增量相关性非常低（相关系数的绝对值小于0.1），甚至呈现较大程度的负向相关。这说明这些省份的研究生招生可能没有太多考虑人口数量的变化趋势（表4-18）。

表4-18　分省份研究生招生规模增量与城镇人口增量的相关系数（2011—2015）

省份	研究生招生规模增量与城镇人口增量相关系数	得分	排名
贵州	0.79	100.00	1
上海	0.74	98.86	2
新疆	0.63	96.25	3
青海	0.53	93.89	4
江苏	0.49	92.83	5
宁夏	0.42	91.12	6
浙江	0.40	90.66	7
天津	0.38	90.28	8
海南	0.38	90.25	9
广东	0.27	87.52	10
内蒙古	0.24	86.88	11
湖北	0.11	83.77	12
福建	0.10	83.38	13
西藏	0.08	82.96	14
山东	−0.03	80.25	15
山西	−0.05	79.90	16
河北	−0.08	79.26	17
安徽	−0.16	77.20	18
北京	−0.28	74.36	19
黑龙江	−0.33	73.24	20
辽宁	−0.34	72.89	21
湖南	−0.43	70.70	22

续表

省份	研究生招生规模增量与城镇人口增量相关系数	得分	排名
广西	–0.48	69.54	23
陕西	–0.48	69.53	24
云南	–0.52	68.59	25
吉林	–0.62	66.26	26
河南	–0.66	65.21	27
四川	–0.68	64.74	28
甘肃	–0.83	61.16	29
江西	–0.85	60.63	30
重庆	–0.88	60.01	31

备注：①相关系数采用 Person 相关系数计算；②各省、自治区、直辖市研究生招生规模增量为 2011—2015 年数据，城镇人口增量为 2009—2013 年数据；③相关系数的绝对值大于 0.7 说明二者呈高度相关，0.4—0.7 说明二者呈中度相关，低于 0.4 大于 0 说明二者呈高度相关。

三、省域研究生教育质量的年度变化

本部分将分别对各指标最新一年的数值表现与前一年度的数值表现进行年度变化的对比分析，以反映各省研究生教育质量的年度变化。需要说明的是，以下几类指标未纳入分析：①数据源尚未更新的指标，如研究生生师比；②与分析指标具有高度相关性的指标，例如，对于生均高等学校 R&D 经费内部支出与生均高等学校 R&D 经费用于基础研究的内部支出两项指标，仅选取前者进行分析；③今年新增、但难以回溯前些年数据的指标，例如，中外合作办学项目、专业学位授权点以及专业学位教学案例数等。

1. 条件支撑度的年度变化

从各省份高等教育生均 R&D 经费内部支出来看，增长幅度最大的为西藏，其生均高等教育 R&D 经费内部支出增长率高达 195.59%。依据因素分析的结果，西藏由于高等教育 R&D 经费内部支出的增长，使其生均高等教育 R&D 经费内部支出增长了 205.53%；由于在学研究生数的增长，使其生均高等教育 R&D 经费内部支出降低了 3.25%。另外，福建、广东的高等教育生均 R&D 经费内部支出增长幅度较大，福建达到了 28.18%，广东达到了 22.38%，影响生均经费变化的因素在于：①高等教育 R&D 经费内部支出的增加使生均经费增大；②在学研究生数的增加使生均经费减小；③由于经费增加幅度高于在校研究生增加幅度，因此生均经费呈现增长的趋势。呈现此类情况的还有云南、新疆和广西等 20 个省、自治区、直辖市。

从各省市高等教育生均R&D经费内部支出来看，增长幅度最大的为西藏，其生均高等教育R&D经费内部支出增长率高达195.59%

江西、海南和安徽的高等教育生均 R&D 经费内部支出有所下降，影响三省生均经费降低的因素在于：①高等教育 R&D 经费内部支出的增加使生均经费增大；②在学研究生数的增加使生均经费减小；③由于经费增加的幅度低于在校研究生增加的幅度，因此生均经费呈现降低的趋势。以江西为例，由于高等教育 R&D经费内部支出的增长，使其生均高等教育R&D经费内部支出增长了3.08%，由于在学研究生数的增长，使其生均高等教育R&D经费内部支出降低了4.18%，因此整体上江西生均高等教育 R&D 经费内部支出降低了 1.23%。

湖南、甘肃、青海、宁夏和内蒙古的高等教育生均 R&D 经费内部支出也有所下降。但与江西、海南和安徽不同的是，影响五省生均经费降低的因素在于：①高等教育 R&D 经费内部支出的降低；②在学研究生数的增加，两因素叠加的结果使生均经费呈现较大的降低趋势。以湖南为例，高等教育 R&D 经费内部支出的降低使其生均高等教育 R&D 经费内部支出降低了 2.09%，在学研究生数的增长使其生均高等教育 R&D 经费内部支出降低了 3.74%，因此整体上湖南生均高等教育 R&D 经费内部支出降低了 6.54%（表 4-19）。

表4-19　分省份生均高等教育R&D经费内部支出变化及因素分析（2014—2015）

省份	生均高等教育R&D经费内部支出/万元				各因素产生的增长率/%	
	2015	2014	年度变化率/%	排名	经费	在学研究生数
西藏	7.64	2.59	195.59	1	205.53	-3.25
福建	3.72	2.90	28.18	2	34.78	-4.90
广东	7.04	5.75	22.38	3	26.39	-3.17
云南	3.30	2.79	18.06	4	21.96	-3.20
新疆	2.22	1.89	17.71	5	23.07	-4.35
广西	4.21	3.60	16.98	6	20.79	-3.15
上海	6.27	5.36	16.85	7	21.01	-3.44
黑龙江	6.60	5.73	15.21	8	16.85	-1.40
湖北	4.62	4.08	13.18	9	15.95	-2.39
重庆	3.76	3.44	9.40	10	12.88	-3.08
河北	3.18	2.92	8.79	11	13.77	-4.38
山东	4.81	4.46	7.93	12	12.74	-4.27
辽宁	4.93	4.57	7.92	13	10.04	-1.92
北京	5.25	4.86	7.88	14	11.67	-3.39
浙江	8.84	8.22	7.47	15	12.84	-4.75
吉林	3.90	3.72	4.90	16	5.66	-0.72
山西	3.99	3.82	4.36	17	6.99	-2.46
天津	11.54	11.12	3.85	18	7.07	-3.00
四川	5.18	5.00	3.52	19	5.91	-2.26
河南	4.98	4.89	1.84	20	10.05	-7.45
贵州	4.21	4.16	1.25	21	6.89	-5.28
陕西	3.90	3.88	0.49	22	4.18	-3.54
江苏	5.87	5.87	0.10	23	3.33	-3.13
江西	3.60	3.64	-1.23	24	3.08	-4.18
海南	3.78	3.92	-3.75	25	4.36	-7.77

续表

省份	生均高等教育R&D经费内部支出/万元				各因素产生的增长率/%	
	2015	2014	年度变化率/%	排名	经费	在学研究生数
安徽	5.41	5.71	-5.14	26	2.64	-7.58
湖南	3.79	4.06	-6.54	27	-2.90	-3.74
甘肃	2.35	2.51	-6.55	28	-4.76	-1.88
青海	3.26	3.98	-18.05	29	-13.00	-5.80
宁夏	4.14	5.07	-18.17	30	-12.76	-6.20
内蒙古	1.82	2.37	-23.14	31	-20.10	-3.81

从各省、自治区、直辖市ESI学科优秀相对系数来看，增长幅度最大的是广西和云南，对于此类省域学科质量不太高的省份，有意识地约束其学科规模扩张速度，把现有的优势学科和特色学科做大做强对于提升省域研究生教育质量具有重要意义

从各省市 ESI 学科优秀相对系数来看，增长幅度最大省份的是广西和云南，其主要原因是，该两省进入 ESI 前 1% 的学科数非常少，2015 年仅有 2 个，2016 年增长到 4 个，增长率高达 100%。总体而言，增幅排名前列的学校大多为进入 ESI 前 1% 学科数较少的省份（表 4-20）。这说明，对于此类省域学科质量不太高的省份，有意识地约束其学科规模扩张速度，把现有的优势学科和特色学科做大做强对于提升省域研究生教育质量具有重要意义。

值得关注的是，河南、湖南、陕西、黑龙江、北京、广东、湖北、四川、江苏、上海、浙江、山东和安徽 13 省、直辖市，影响其 ESI 学科相对优秀系数增长的因素在于：①进入 ESI 前 1% 学科数的增加使相对系数增大；②一级学科博士点数的增加使相对系数减小；③由于进入 ESI 前 1% 学科数增加的幅度高于一级学科博士点数增加的幅度，相对系数呈现增长的趋势。以北京为例，其进入 ESI 前 1% 学科数增长了 23 个，使其 ESI 学科相对优秀系数增长了 23%，但由于一级学科博士点数的增加，其相对优秀系数降低了 4.37%。故整体上北京 ESI 学科相对优秀系数增长了 17.62%（表 4-20）。

表4-20 分省份ESI学科优秀相对系数变化及因素分析（2015—2016）

省份	ESI学科优秀相对系数				各因素产生的增长率/%	
	2016	2015	年度变化率/%	排名	ESI学科数	一级学科博士点数
广西	18.18	9.09	100.00	1	100.00	0.00
云南	11.76	5.88	100.00	2	100.00	0.00
河南	15.00	8.47	77.00	3	80.00	−1.67
重庆	19.72	12.68	55.56	4	55.56	0.00
湖南	24.03	17.97	33.74	5	34.78	−0.78
山西	10.87	8.70	25.00	6	25.00	0.00
陕西	19.34	15.82	22.24	7	25.00	−2.21
黑龙江	22.92	18.95	20.95	8	22.22	−1.04
河北	12.28	10.34	18.71	9	16.67	1.75
广东	34.04	28.78	18.30	10	20.00	−1.42
北京	22.40	19.05	17.62	11	23.00	−4.37
湖北	28.02	23.89	17.30	12	18.60	−1.10
辽宁	22.61	19.83	14.03	13	13.04	0.87
福建	21.52	18.99	13.33	14	13.33	0.00
四川	19.66	17.39	13.03	15	15.00	−1.71
江苏	31.32	27.90	12.25	16	14.29	−1.78
浙江	42.86	38.55	11.16	17	12.50	−1.19
上海	37.85	35.07	7.92	18	9.46	−1.40
甘肃	31.11	28.89	7.69	19	7.69	0.00
吉林	15.38	14.29	7.69	20	7.69	0.00

续表

省份	ESI学科优秀相对系数				各因素产生的增长率/%	
	2016	2015	年度变化率/%	排名	ESI学科数	一级学科博士点数
安徽	28.00	27.40	2.20	22	5.00	–2.67
天津	22.35	22.35	0.00	23	0.00	0.00
江西	20.00	20.00	0.00	24	0.00	0.00

备注：贵州、新疆、海南、内蒙古、宁夏、青海和西藏 2015 年的 ESI 前 1% 学科数为 0，不能进行增长率分析，故未纳入表格。

2. 教育贡献度的年度变化

从各省理工农医在学研究生参与科研的比率来看，增长幅度最大省份的是西藏和青海

从各省理工农医在学研究生参与科研的比率来看，增长幅度最大省份的是西藏和青海，其主要原因是，该两省参与科研项目的研究生数的基数少，2014—2015 年增长率很高，西藏达到了 234%，青海达到了 67.51%。增幅排名前三的学校均为在学研究生较少的省份（表 4-21）。这可能折射出一个现实：虽然研究生教育不太发达的省市获批的科研项目较少、在学研究生也较少，但此类省市的研究生能够积极地参与到为数不多的科研项目的研究中，对于提高这些省份研究生教育科技贡献和高层次人才培养质量有着重要作用。

青海、贵州、宁夏、江西、湖南、四川、上海、福建、北京、天津、江苏、重庆、黑龙江和浙江理工农医在学研究生参与科研比率呈上升趋势，其原因在于：①参与科研项目的研究生数的增加提高了参与比率；②在学研究生规模的增长降低了参与比率，但由于参与科研项目研究生数增加所带来的影响大于在学研究生规模扩张的影响，上述省份理工农医在学研究生参与科研比率有所上升。

排名在 22 名以后（含 22 名）的省份理工农医在学研究生参与科研比率呈下降趋势，大部分省份的主要原因在于：①参与科研项目的研究生数降低；②在学研究生规模的增长（表 4-21）。

表4-21　分省份理工农医在学研究生参与科研比率变化及因素分析（2014–2015）

省份	理工农医在学研究生参与科研的比率				各因素产生的增长率/%	
	2015	2014	年度变化/%	排名	参与科研项目研究生数	在学校研究生数
西藏	0.68	0.20	238.38	1	234.04	1.30
青海	1.06	0.64	66.84	2	67.51	−0.40
贵州	1.27	1.03	23.83	3	26.05	−1.76
宁夏	1.28	1.06	20.44	4	22.66	−1.81
吉林	0.74	0.62	20.13	5	18.26	1.58
江西	0.75	0.64	17.35	6	19.64	−1.91
山东	0.72	0.62	14.95	7	14.68	0.24
湖南	0.76	0.68	12.53	8	14.86	−2.03
河北	0.50	0.45	12.19	9	10.00	1.99
内蒙古	0.93	0.83	12.13	10	11.96	0.15
四川	0.69	0.62	11.25	11	12.73	−1.31
上海	0.74	0.67	10.16	12	10.46	−0.27
福建	0.80	0.73	10.15	13	12.90	−2.43
北京	0.62	0.57	9.35	14	11.44	−1.88
天津	0.78	0.72	8.19	15	9.18	−0.91
江苏	0.78	0.72	7.61	16	8.02	−0.39
云南	1.13	1.09	3.79	17	3.77	0.02
甘肃	0.55	0.53	2.64	18	1.87	0.75
重庆	0.67	0.65	2.18	19	2.77	−0.57
黑龙江	0.58	0.58	−0.42	20	0.85	−1.26

续表

省份	理工农医在学研究生参与科研的比率				各因素产生的增长率/%	
	2015	2014	年度变化/%	排名	参与科研项目研究生数	在学校研究生数
浙江	0.96	0.97	−0.68	21	0.34	−1.02
河南	0.58	0.59	−2.26	22	−2.09	−0.17
山西	0.64	0.67	−4.84	24	−3.15	−1.74
湖北	0.63	0.67	−5.31	25	−4.33	−1.02
海南	0.73	0.77	−5.37	26	1.36	−6.64
广东	0.97	1.03	−6.37	27	−7.02	0.70
新疆	0.50	0.54	−8.37	28	−7.87	−0.55
辽宁	0.63	0.69	−8.55	29	−8.75	0.22
安徽	0.60	0.69	−13.58	30	−5.75	−8.30
广西	0.73	0.97	−25.05	31	−25.05	0.00

从各省市2015—2016年数学建模获奖数的变化来看，天津的进步最大，加权获奖数增长了236.84%

从各省份2015—2016年数学建模获奖数的变化来看，天津的进步最大，加权获奖数增长了236.84%，其次为宁夏，在三等奖的获奖数翻番的同时，实现了二等奖零的突破。北京、上海两大获奖“大户”，也进步显著，年度增长率高达70%以上。总体而言，有23个省份在全国研究生数学建模的获奖数上取得了或多或少的进步。但河北、河南、内蒙古、海南、山西和贵州却有所退步，特别是贵州在2016年的竞赛中仅获一项三等奖。此外，西藏和青海在2016年没有获奖（表4-22）。

表4-22　分省份全国研究生数学建模获奖数变化（2015—2016）

省份	2015				2016				年度变化/%	得分	排名
	一等奖	二等奖	三等奖	加权获奖数	一等奖	二等奖	三等奖	加权获奖数			
天津	1	2	11	19	4	13	22	64	236.84	100.00	1
宁夏	0	0	4	4	0	1	6	8	100.00	83.12	2
北京	13	62	96	272	19	119	165	479	76.10	80.18	3
上海	22	297	348	1030	31	533	586	1776	72.43	79.72	4
广东	1	11	22	48	2	24	24	80	66.67	79.01	5
云南	1	4	12	24	0	9	21	39	62.50	78.50	6
陕西	7	68	73	237	11	101	125	371	56.54	77.76	7
辽宁	1	16	47	83	2	29	54	120	44.58	76.29	8
甘肃	1	2	7	15	0	4	13	21	40.00	75.72	9
黑龙江	2	16	21	61	2	22	32	84	37.70	75.44	10
江西	1	9	22	44	3	9	30	60	36.36	75.28	11
浙江	3	37	35	121	5	41	55	157	29.75	74.46	12
江苏	17	160	181	569	21	224	205	737	29.53	74.43	13
重庆	7	38	45	149	7	46	68	188	26.17	74.02	14
广西	2	7	19	41	2	10	23	51	24.39	73.80	15
福建	0	8	9	25	0	6	19	31	24.00	73.75	16
湖南	8	38	47	155	5	54	63	191	23.23	73.66	17
新疆	1	0	6	10	0	2	8	12	20.00	73.26	18
湖北	14	94	63	307	11	113	96	366	19.22	73.16	19
山东	10	74	85	273	7	92	106	318	16.48	72.82	20
安徽	6	17	24	82	4	26	23	91	10.98	72.14	21
吉林	3	15	35	77	2	22	32	84	9.09	71.91	22

续表

省份	2015				2016				年度变化/%	得分	排名
	一等奖	二等奖	三等奖	加权获奖数	一等奖	二等奖	三等奖	加权获奖数			
河北	1	14	26	58	2	9	27	53	–8.62	69.73	24
河南	3	50	50	162	3	34	33	113	–30.25	67.06	25
内蒙古	0	1	9	11	0	1	5	7	–36.36	66.31	26
海南	0	0	2	2	0	0	1	1	–50.00	64.62	27
山西	1	3	11	21	1	1	1	7	–66.67	62.57	28
贵州	0	2	4	8	0	0	1	1	–87.50	60.00	29

备注：①加权的获奖数 = 三等奖数量 ×1 二等奖数量 ×2+ 一等奖数量 ×4；②统计口径包括所有的研究生培养单位，较去年在高校的基础上增加了科研院所、军队院校、兵团和党校；③西藏和青海没有获奖，故为纳入统计表。

对比第一届和第二届获得中国学位与研究生教育优秀成果奖（教育实践类）的省份排名，不难发现第二届的省份分布相较于第一届均衡一些，四川、广东、福建和辽宁四省加入获奖行列。北京依然遥遥领先，获得了 3 项一等奖、6 项二等奖。此外，陕西有着较为明显的进步，第一届仅获二等奖 1 项，第二届获一等奖 1 项、二等奖 2 项（表 4-23）。

表4-23　分省份获得中国学位与研究生教育优秀成果奖（教育实践类）数的变化

省份	第一届			加权数	省份	第二届		加权数
	特等奖	一等奖	二等奖			一等奖	二等奖	
北京	0	3	13	19	北京	3	6	12
上海	1	0	5	9	江苏	2	5	9
江苏	0	1	5	7	上海	0	4	4
浙江	0	1	0	2	陕西	1	2	4

续表

省份	第一届			加权数	省份	第二届		加权数
	特等奖	一等奖	二等奖			一等奖	二等奖	
天津	0	1	0	2	广东	1	1	3
安徽	0	1	0	2	湖北	0	2	2
陕西	0	0	1	1	福建	0	2	2
湖北	0	0	1	1	吉林	1	0	2
湖南	0	0	1	1	黑龙江	0	1	1
重庆	0	0	1	1	天津	0	1	1
					湖南	0	1	1
					重庆	0	1	1
					辽宁	0	1	1
					四川	0	1	1

备注：加权的获奖数 = 二等奖数量 +2 × 一等奖数量 +4 × 特等奖数量。

3. 社会适应度的年度变化

从研究生招生规模增量与GDP增量相关系数的逐年变化来看，2011—2015年二者的相关系数较2010—2014年增加的省份有18个，保持不变的有1个，降低的有12个。

从研究生招生规模增量与 GDP 增量相关系数的逐年变化来看，2011—2015 年二者的相关系数较 2010—2014 年增加的省份有 18 个，保持不变的有 1 个，降低的有 12 个。这表明绝大多数省份研究生教育与经济发展水平的适应度在上升。其中，上升幅度最大的 3 个省份为吉林、贵州和云南，三省的研究生招生规模增量与 GDP 增量呈现低度的正向相关。降低幅度最大的为北京、内蒙古和河北，特别是北京和河北，从呈低度和中度的正向相关变成基本无关和低度正相关。这说明，这些省份在新一年的招生中，并没有按照GDP的增长变化来调整研究生招生增量（表4-24）。

表4–24　分省份研究生招生规模增量与GDP增量相关系数的年度变化

省份	研究生招生规模增量与GDP增量相关系数			
	2010—2014	2011—2015	年度变化	排名
吉林	−0.18	0.24	0.42	1
贵州	−0.33	0.03	0.36	2
云南	−0.12	0.15	0.27	3
四川	−0.23	0.01	0.24	4
江苏	0.14	0.36	0.22	5
湖北	−0.24	−0.03	0.22	6
甘肃	0.00	0.21	0.21	7
湖南	0.07	0.27	0.20	8
海南	−0.13	0.05	0.18	9
安徽	−0.09	0.02	0.11	10
重庆	−0.41	−0.30	0.11	11
陕西	−0.10	−0.04	0.06	12
广东	0.38	0.42	0.04	13
宁夏	0.36	0.40	0.04	14
广西	0.57	0.60	0.03	15
新疆	0.23	0.24	0.01	16
青海	0.18	0.18	0.01	17
江西	0.45	0.46	0.01	18
上海	0.77	0.77	0.00	19
西藏	−0.34	−0.35	−0.01	20

续表

省份	研究生招生规模增量与GDP增量相关系数			
	2010—2014	2011—2015	年度变化	排名
山东	0.21	0.19	−0.02	21
黑龙江	−0.15	−0.17	−0.03	22
辽宁	−0.09	−0.14	−0.05	23
天津	−0.58	−0.64	−0.06	24
河南	0.70	0.62	−0.07	25
山西	−0.23	−0.34	−0.11	26
福建	−0.32	−0.46	−0.13	27
浙江	0.34	0.18	−0.16	28
北京	0.22	0.04	−0.18	29
内蒙古	−0.15	−0.33	−0.19	30
河北	0.58	0.11	−0.47	31

从第二产业GDP占比与理工科研究生占比比值来看，2014年较2013年比值距1的距离减小的省市有10个，保持不变的有5个，增加的有16个

从第二产业 GDP 占比与理工科研究生占比比值的年度变化来看，2014 年较 2013 年比值距 1 的距离减小的省份有 10 个，保持不变的有 5 个，增加的有 16 个。这表明绝大多数省份研究生教育结构与产业结构的适应度在下降。其中值得注意的是，比值距 1 的距离减小的 10 个省份在 2013 年的比值均非常接近于 1，而在 2013 年很多比值距 1 的距离较大的省份，其 2014 年的距离更大。这说明，2013—2014 年各省份研究生教育结构与产业结构适应度的变化具有强烈的“路径依赖”特征。较大部分省份的结构适应度亟待加强（表 4-25）。

表4-25　分省份第二产业GDP占比与理工科研究生占比比值的年度变化

省份	第二产业GDP占比与理工科研究生占比的比值			
	2013	2014	距1距离的年度变化	排名
山西	1.17	1.11	−0.06	1
海南	1.15	1.12	−0.03	2
重庆	1.09	1.07	−0.02	3
湖南	1.03	1.01	−0.02	4
河北	0.96	0.97	−0.01	5
安徽	0.98	0.99	−0.01	6
甘肃	0.98	1.01	−0.01	7
湖北	0.89	0.90	−0.01	8
天津	0.98	1.02	−0.01	9
四川	1.01	1.00	−0.01	10
江苏	0.86	0.86	0.00	11
陕西	0.88	0.88	0.00	12
上海	0.75	0.75	0.00	13
山东	1.01	1.01	0.00	14
浙江	1.04	1.05	0.01	15
河南	1.31	1.33	0.02	16
北京	0.44	0.40	0.03	17
福建	1.32	1.36	0.04	18
内蒙古	1.35	1.39	0.05	19
辽宁	1.06	1.11	0.05	20
广东	1.22	1.27	0.05	21

续表

省份	第二产业GDP占比与理工科研究生占比的比值			
	2013	2014	距1距离的年度变化	排名
黑龙江	0.72	0.66	0.06	22
云南	1.17	1.25	0.08	23
广西	1.31	1.41	0.10	24
贵州	1.43	1.52	0.10	25
宁夏	1.78	1.93	0.15	26
江西	1.35	1.51	0.16	27
吉林	1.18	1.44	0.25	28
新疆	1.49	1.80	0.31	29
西藏	6.12	6.69	0.58	30
青海	3.69	5.96	2.27	31

从研究生招生规模增量与技术市场成交额增量相关系数看，2011—2015年二者的相关系数较2010—2014年增加的省份有19个，降低的有12个

从研究生招生规模增量与技术市场成交额增量相关系数的逐年变化来看，2011—2015 年二者的相关系数较 2010—2014 年增加的省份有 19 个，降低的有 12 个。这表明绝大多数省份研究生教育与科技发展水平的适应度在上升。其中相关系数上升幅度最大的 3 个省份为安徽、山西和湖北，安徽呈现中度正相关、山西呈现低度正相关。降低幅度最大的为吉林、河北和天津，均从中度的负向相关变成高度的负相关。这说明这些省份在新一年的招生中，完全没有按照科技发展变化来调整研究生的招生增量（表 4-26）。

表4-26　分省份研究生招生规模增量与技术市场成交额增量相关系数的年度变化

省份	研究生招生规模增量与技术市场成交额增量相关系数			
	2010—2014	2011—2015	年度变化	排名
安徽	–0.74	0.54	1.28	1
山西	–0.86	0.19	1.05	2
湖北	–0.96	–0.10	0.86	3
湖南	–0.59	–0.02	0.57	4
江苏	–0.11	0.45	0.56	5
陕西	–0.76	–0.30	0.46	6
甘肃	–0.91	–0.51	0.40	7
青海	0.08	0.38	0.30	8
贵州	0.44	0.69	0.25	9
内蒙古	–0.60	–0.38	0.23	10
四川	–0.72	–0.49	0.23	11
辽宁	–0.95	–0.78	0.16	12
山东	0.40	0.51	0.10	13
重庆	0.72	0.79	0.06	14
浙江	–0.77	–0.71	0.06	15
江西	0.30	0.36	0.05	16
河南	–0.23	–0.17	0.05	17
黑龙江	–0.95	–0.92	0.03	18
海南	0.61	0.64	0.03	19
上海	–0.54	–0.55	–0.01	20

续表

省份	研究生招生规模增量与技术市场成交额增量相关系数			
	2010—2014	2011—2015	年度变化	排名
新疆	0.15	0.14	-0.01	21
云南	-0.78	-0.80	-0.03	22
福建	-0.62	-0.65	-0.03	23
宁夏	0.87	0.83	-0.03	24
北京	0.88	0.81	-0.07	25
广西	0.22	0.16	-0.07	26
广东	-0.36	-0.50	-0.14	27
吉林	-0.64	-0.86	-0.21	28
河北	-0.60	-0.84	-0.23	29
天津	-0.56	-0.83	-0.27	30

从就业人口中研究生学历以上占比的年度变化来看，有25个省市的比例在2014年至2015年间呈显著的增长

从就业人口中研究生学历以上占比的年度变化来看，有25个省份的比例2014—2015年呈显著的增长，这说明这些省份的就业人口中加入了更多的研究生，提高了就业人口的劳动力素质，研究生教育能够成为提升人口素质的重要支撑。其中，增幅最大的3个省份为上海、天津和山西，特别是山西作为人才引进难度较大的省份，该数值的提升意味着山西研究生教育做出了重要贡献。但也须注意，北京、陕西、内蒙古、湖南和青海就业人口中研究生学历以上占比数值有显著降低，这表明这些省份出现了较为明显的人才外流迹象（表4-27）。

表4-27　分省份就业人口中研究生及以上学历占比的年度变化

省份	就业人口中研究生及以上学历占比/%		年度变化/%	得分	排名
	2015年	2014年			
上海	4.8	2.45	2.35	100.00	1
天津	2.3	1.35	0.95	86.41	2
山西	0.8	0.29	0.51	82.14	3
新疆	0.8	0.37	0.43	81.36	4
辽宁	0.9	0.5	0.4	81.07	5
重庆	0.9	0.57	0.33	80.39	6
江苏	0.9	0.59	0.31	80.19	7
浙江	0.8	0.52	0.28	79.90	8
黑龙江	0.5	0.23	0.27	79.81	9
河北	0.5	0.23	0.27	79.81	10
湖北	0.8	0.57	0.23	79.42	11
宁夏	0.4	0.17	0.23	79.42	12
四川	0.4	0.18	0.22	79.32	13
广东	0.6	0.38	0.22	79.32	14
云南	0.4	0.22	0.18	78.93	15
江西	0.4	0.24	0.16	78.74	16
广西	0.4	0.26	0.14	78.54	17
甘肃	0.4	0.26	0.14	78.54	18
河南	0.4	0.27	0.13	78.45	19
贵州	0.2	0.09	0.11	78.25	20
西藏	0.1	0	0.1	78.16	21
福建	0.6	0.51	0.09	78.06	22
海南	0.3	0.24	0.06	77.77	23

续表

省份	就业人口中研究生及以上学历占比/%		年度变化/%	得分	排名
	2015年	2014年			
吉林	0.4	0.35	0.05	77.67	24
山东	0.5	0.49	0.01	77.28	25
安徽	0.4	0.4	0	77.18	26
湖南	0.4	0.43	−0.03	76.89	27
内蒙古	0.3	0.42	−0.12	76.02	28
青海	0.2	0.4	−0.2	75.24	29
陕西	0.8	1.11	−0.31	74.17	30
北京	6.1	7.87	−1.77	60.00	31

从研究生招生规模增量与城镇人口增量相关系数的逐年变化来看，2011—2015 年二者的相关系数较 2010—2014 年增加的省份有 11 个，降低的有 20 个。这表明绝大多数省份研究生教育与城镇人口变化的适应度有所降低。其中，相关系数上升幅度最大的 3 个省份为海南、北京和山东，但除了海南呈现低度正相关，北京和山东均呈现低度负相关。降低幅度最大的为四川、西藏和吉林，特别是西藏和吉林在 2010—2014 年均呈现中度的正向相关，但在 2011—2015 年分别变成低度正相关和中度负相关。这也反映出这些省市在新一年的招生中，没有按照城镇人口数量变化来调整研究生的招生增量（表 4-28）。

表4-28　分省份研究生招生规模增量与城镇人口增量相关系数的年度变化

省份	研究生招生规模增量与城镇人口增量相关系数			
	2010—2014	2011—2015	年度变化	排名
海南	−0.24	0.38	0.62	1
北京	−0.65	−0.28	0.37	2
山东	−0.40	−0.03	0.36	3

续表

省份	研究生招生规模增量与城镇人口增量相关系数			
	2010—2014	2011—2015	年度变化	排名
贵州	0.48	0.79	0.31	4
湖北	−0.13	0.11	0.24	5
江苏	0.28	0.49	0.21	6
安徽	−0.35	−0.16	0.19	7
广东	0.12	0.27	0.14	8
青海	0.44	0.53	0.09	9
陕西	−0.54	−0.48	0.06	10
新疆	0.63	0.63	0.01	11
天津	0.40	0.38	−0.02	12
江西	−0.83	−0.85	−0.02	13
内蒙古	0.28	0.24	−0.04	14
广西	−0.43	−0.48	−0.05	15
宁夏	0.49	0.42	−0.07	16
上海	0.82	0.74	−0.08	17
甘肃	−0.75	−0.83	−0.09	18
辽宁	−0.24	−0.34	−0.10	19
福建	0.23	0.10	−0.13	20
重庆	−0.74	−0.88	−0.14	21
云南	−0.38	−0.52	−0.14	22
河北	0.07	−0.08	−0.14	23
河南	−0.47	−0.66	−0.20	24
湖南	−0.23	−0.43	−0.20	25
山西	0.15	−0.05	−0.20	26
浙江	0.70	0.40	−0.30	27

续表

省份	研究生招生规模增量与城镇人口增量相关系数			
	2010—2014	2011—2015	年度变化	排名
黑龙江	0.02	–0.33	–0.35	28
四川	–0.18	–0.68	–0.50	29
西藏	0.60	0.08	–0.52	30
吉林	0.62	–0.62	–1.24	31

四、结论与建议

基于上述分析，本报告依据不同省份在条件支撑度、教育贡献度和社会适应度上的表现进行分组，以了解各省研究生教育发展存在的共性和特性、优势与劣势（表 4-29）。

表4–29　基于31个省份指标表现的分组

组别	条件支撑度	教育贡献度	社会适应度	省份
1	高	高	高	北京、广东、湖北、江苏、上海、浙江
2	高	高	中	天津、湖南
3	高	低	中	安徽
4	高	中	高	山东、福建
5	中	高	低	四川、陕西
6	中	中	中	辽宁、重庆
7	中	低	低	江西、河南
8	中	低	中	河北、广西
9	中	中	低	吉林、黑龙江
10	低	中	低	云南、甘肃
11	低	低	中	山西、青海

续表

组别	条件支撑度	教育贡献度	社会适应度	省份
12	低	低	低	西藏、内蒙古
13	低	低	高	新疆、海南
14	低	中	高	宁夏
15	低	中	中	贵州

备注：条件支撑度高的省份为各项指标加权数排名前十，条件支撑度为中的省份排名为11—20，条件支撑度为低的省份排名为21—31；教育贡献度和社会适应度同条件支撑度一致。

按照组内的相似性再次分类，我国31个省份的研究生教育发展状况可分为5类。

第一类为支撑条件好、教育贡献度高和社会适应度较高的省份，包括第1组和第2组的北京、广东、湖北、江苏、上海、浙江、天津和湖南。这些省份的研究生教育发展具有较好的支撑条件，对科技、教育发展具有较高贡献度，且能考虑其经济、科技和人口的变化趋势来对研究生教育的规模和结构进行调整。

第二类为支撑条件较好，但教育贡献度和社会适应度较弱的省份，包括第3组、第6组、第7组和第9组的安徽、辽宁、重庆、江西、河南和黑龙江。这些省份支撑条件较好，生均拥有的教育资源处于较高水平，但在教育贡献度和社会适应度上表现较弱，一方面缺乏具有较高显示度的培养成果，另一方面对于经济、科技与人口的变化趋势也缺乏灵敏的反应。

第三类为条件支撑度和社会适应度较好，但教育贡献度较弱的省份，包括第4组、第8组的山东、福建、河北和广西。这些省份主要是缺乏具有显示度的培养成果从而在教育贡献度上表现平平。

第四类为条件支撑度、教育贡献度均较低的省市，包括第11组、第12组、第13组、第14组、第15组的山西、青海、西藏、内蒙古、新疆、海南、宁夏和贵州。所不同的是，新疆、海南和宁夏的社会适应度较高，域内研究生教育的发展能够与经济、科技和人口变化趋势相适应，其他省份的社会适应度较低。

第五类为教育贡献度较好，但是条件支撑度和社会适应度较低的省份，包括第5组、第10组的四川、陕西、云南和甘肃。其中，云南、甘肃的条件支撑度较四川和陕西要低。

基于此，本报告提出如下建议。

第一类省份应提高资源利用效率，探索研究生教育规律，形成更加卓越的培养成果，推动研究生教育的国际化，做好中国研究生教育的“排头兵”；进一步夯实支撑条件，特别是保障生均教育资源的不断增加；协调研究生教育规模、结构与省域科技、经济和人口的发展关系，促进研究生教育与社会相适应。

第二类、第三类省份应提高资源利用效率，将资源优势转化为培养优势，充分挖掘研究生培养规律，形成更多有显示度的培养成果，结合省域经济社会的发展特色和趋势制定与之适应的研究生教育发展规划，将人才培养的高原转化为人才培养的高峰。

第四类省份应加大教育资源投入，通过联合办学、对口支援的方式提高省域研究生教育的质量；主动适应社会需求，服务域内特色产业和优势学科发展，从而提高研究生教育对经济、科技发展的贡献度。

第五类省份应加大教育资源投入，发挥域内高水平大学的引领作用，形成定位准确、类型多样的研究生教育发展结构；主动适应社会需求，服务域内特色产业和优势学科发展，并结合省域经济社会的发展特色和趋势制定与之适应的研究生教育发展规划。

第五章　研究生满意度调查

研究生满意度是反映、监测和评估研究生教育质量的一个重要维度与指标。开展研究生满意度调查、分析和研究，对于提高研究生教育质量和推动研究生教育供给侧改革具有重要意义。自 2012 年起，学位与研究生教育杂志社、北京理工大学研究生教育研究中心连续组织开展年度全国研究生满意度调查研究，并且不断改进调查设计，扩大调查样本，丰富调查方法，提高研究生满意度调查研究的客观性和科学性。连续 6 年的研究生满意度调查取得了重要发现和成果，发挥了咨询作用。2017 年的调查研究情况如下。

一、调查目的与方法

（一）调查目的

本调查的主要目的有三个：一是了解研究生对研究生教育总体上的满意度及其年度变化情况，对我国研究生教育的整体质量作出评价；二是获得研究生对研究生教育各个环节、各个方面的评价，发现研究生教育中存在的问题；三是探究不同群体研究生对研究生教育的评价的差别并揭示其意义。

（二）调查方法

2017 年研究生满意度调查沿用了 2016 年的调查问卷，问卷包含 37 道封闭式选择题。除基本信息及个别具体问题外，各满意度问卷采用李克特五级量表，将研究生的满意度评价分为“非常满意、满意、一般、不太满意、非常不满意”五个级别。

经测算，问卷内部一致性信度良好；结构方程模型显示，模型的拟合度各项指标良好，这表明该问卷具有较好的结构效度。

本次满意度调查在问卷发放形式上进行了创新，向参与满意度调查的研究生培养单位发放纸质版和电子版两种形式的问卷。其中，电子版问卷分定制版和通用版，定制版为每个培养单位生成唯一的二维码，通用版则向所有研究生培养单位开放。电子版问卷可以通过邮件、微信、QQ 等多种方式发放和填写。参与纸质版问卷调查的研究生培养单位数量为 24 个，微信版为 85 个（每个培养单位的有效问卷至少 5 份）。

二、调查样本的基本情况

109个研究生培养单位接受了满意度调查

本次满意度调查共调查了 109 个研究生培养单位。其中，“985 工程”高校 26 所①，“211 工程”高校 29 所②，其他高校 53 所③，科研院所 1 所④。本次调查共向 24 个研究生培养单位发放纸质问卷 18000 份，回收问卷 17244 份，回收率 95.8%；有效问卷 16297 份，问卷有效率 94.5%⑤；回收微信版问卷 40997 份，有效问卷 40770 份，问卷有效率 99.4%。有效问卷总数为 57067 份。其中，“985 工程”高校最多，达到 21611 份，占 37.9%；“211 工程”高校 15273 份，占 26.7%；其他高校 18954 份，占 33.2%；科研院所 1229 份，占 2.1%。不同类型培养单位调查样本具体分布见图 5-1。

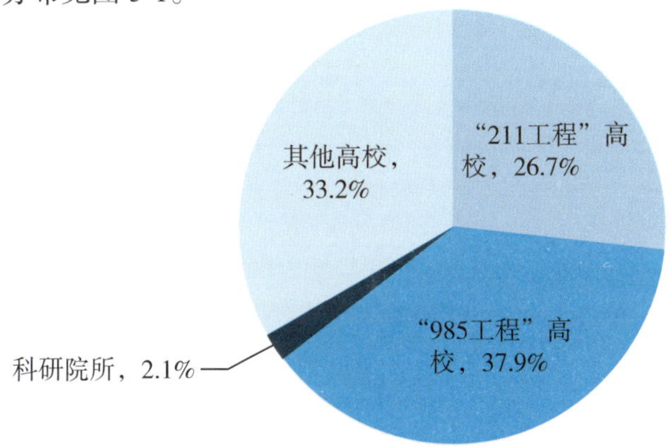

图5-1 不同类型培养单位调查样本分布

---

① 指列入“985 工程”建设的高校。

② 指列入“211 工程”但未列入“985 工程”的高校。

③ 指除了“985 工程”高校和“211 工程”高校之外其他有培养研究生资格的高校。

④ 本次调查科研院所主要为中国农业科学院。

⑤ 本调查的无效问卷是指在 53 道题中超过 10 道题没有填答的问卷，除此之外皆为有效问卷。

调查对象按性别分，男生 25493 人，占 44.7%；女生 31490 人，占 55.2%；缺失值 84，占 0.1%。按培养层次分，硕士研究生 51247 人，占 89.8%；博士研究生人 5655，占 9.9%；缺失值 165 人，占 0.3%。硕士研究生中，一年级 21563 人，二年级 17378 人，三年级 11923 人，四年级及以上 181 人，缺失值 202；博士研究生中，一年级 1942 人，二年级 1634 人，三年级 1209 人，四年级及以上 854 人，缺失值 16。按培养类型分，学术学位研究生 37923 人，占 66.5%（具体学科分布情况见表 5-1）；专业学位研究生 18702 人，占 32.8%；缺失值 442，占 0.8%。

表5–1 学术学位研究生按学科分类情况

学科门类	人数/人	比例/%
工学	13896	36.7
理学	6204	16.4
管理学	3367	8.9
法学	2364	6.2
文学	2182	5.8
农学	2013	5.3
医学	1873	4.9
教育学	1606	4.2
经济学	1551	4.1
历史学	950	2.5
艺术学	839	2.2
哲学	799	2.1
军事学	55	0.1
缺失值	224	0.6
合计	37923	100

2017年满意度调查较2016年增加了17000多份

较之2016年的满意度调查，本次调查有效样本数量增加了17000多份；调查对象来自109个培养单位，参与调查的培养单位结构更加优化，这进一步保证了本次调查的代表性和科学性；本次满意度调查的数据呈现增加了均值、中位数、标准差三个统计量，以便各参与调查的研究生培养单位能够更好的分析运用本校的调查数据。

三、满意度调查结果

（一）研究生总体满意度

研究生对研究生教育的总体满意率达到70.6%

研究生对研究生教育的总体满意率达到70.6%（表5-2）。其中，研究生对课程教学的满意率为69.4%，对科研训练的满意率为68.3%，对指导教师的满意率为84.3 %，对管理与服务的满意率为69.8%。

表5–2　2017年研究生总体满意度

项目	比例/%	满意率/%	均值	中位数	标准差
非常满意	28.4	70.6	3.92	4	0.92
比较满意	42.2				
一般	23.4				
不太满意	4.4				
非常不满意	1.6				

男生对研究生教育的总体满意率为71.0%，女生对研究生教育的总体满意率为70.2%。

1. 不同性别群体相比，男生对研究生教育的总体满意率为 71.0%，女生对研究生教育的总体满意率为 70.2%（图 5-2）。

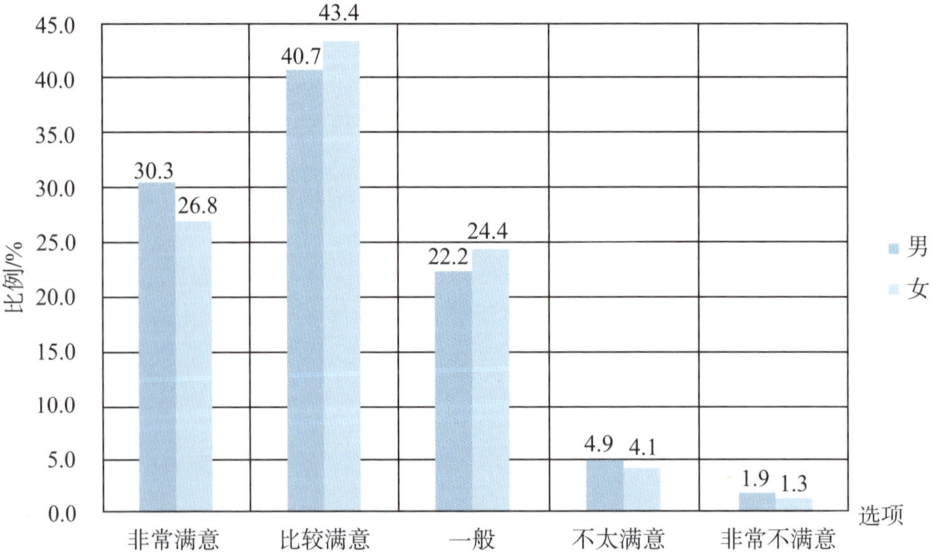

图5-2 不同性别研究生总体满意度比较

“985工程”高校研究生对研究生教育的总体满意度最高，满意率达到了72.1%，其他高校对研究生教育的总体满意度最低，满意率为69.0%。

2. 在各类培养单位中，“985 工程”高校研究生对研究生教育的总体满意度最高，满意率达到了 72.1%，其次是“211 工程”高校（70.5%）、科研院所（69.5%），其他高校对研究生教育的总体满意度最低，满意率为 69.0%（图 5-3）。

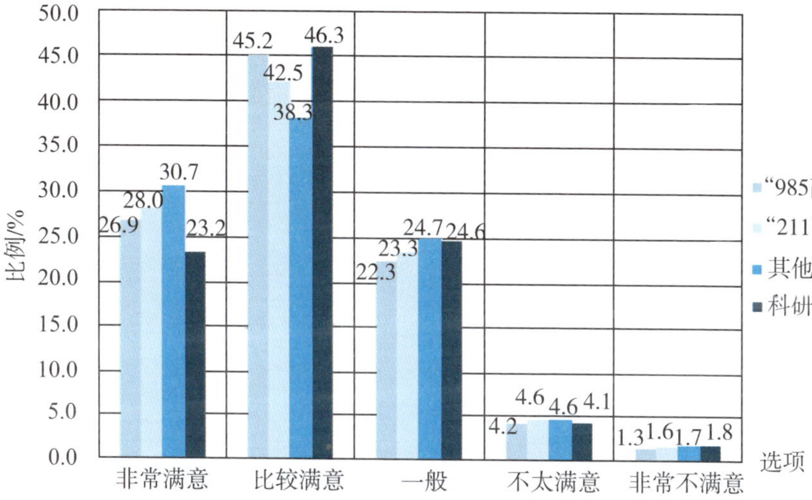

图5-3 不同类型培养单位研究生总体满意度比较

3. 在各学科学术学位研究生中，哲学研究生的总体满意度最高，满意率达到 77.0%。除哲学外，各学科门类中研究生总体满意率由高到低分别为历史学（75.4%）、艺术学（74.5%）、农学（74.4%）、法学（72.9%）、文学（72.3%）、工学（70.9%）、医学（70.4%）、理学（68.3%）、教育学（66.9%）、军事学（65.5%）、经济学（65.5%）、管理学（63.6%）(图 5-4)。

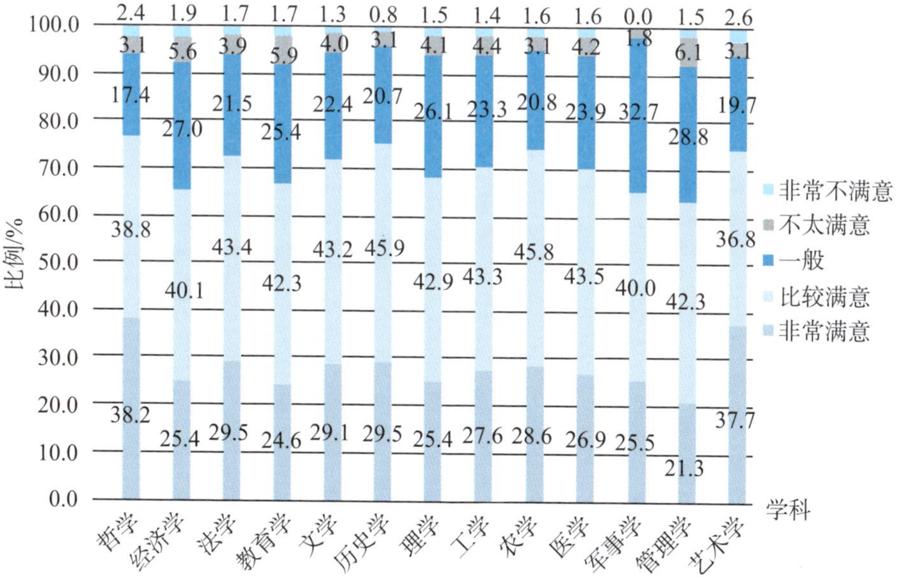

图5-4 各学科总体满意度

博士生的总体满意度高于硕士生

4. 博士生的总体满意度高于硕士生。博士生的总体满意率达 73.3%，硕士研究生总体满意率为 70.3%（图 5-5）。

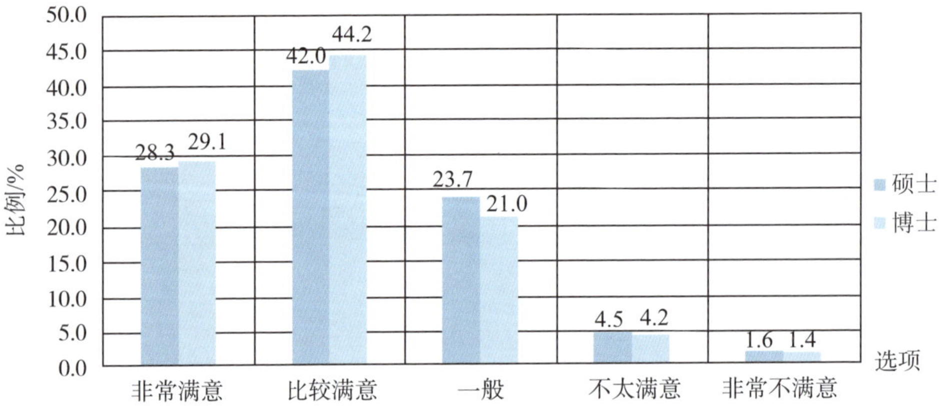

图5-5　不同层次研究生总体满意度比较

（二）课程教学满意度

研究生对课程教学的满意率为69.4%

研究生对课程教学的满意率为 69.4%（表 5-3）。

表5-3 研究生对课程教学的满意度

项目	比例/%	满意率/%	均值	中位数	标准差
非常满意	28.4	69.4	3.89	4	0.94
比较满意	41.0				
一般	23.4				
不太满意	5.6				
非常不满意	1.6				

“985工程”高校研究生对课程教学满意率高达70.8%

1. 在各类培养单位中，“985 工程”高校研究生对课程教学的满意度最高，满意率达到了 70.8%；“211 工程”高校研究生较其他类型培养单位满意率最低，仅为 68.1%）（图 5-6）。

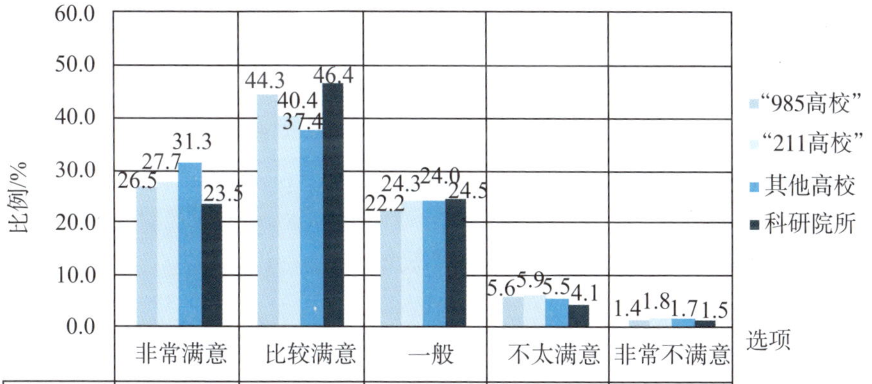

	非常满意	比较满意	一般	不太满意	非常不满意
“985高校”	26.5	44.3	22.2	5.6	1.4
“211高校”	27.7	40.4	24.3	5.9	1.8
其他高校	31.3	37.4	24.0	5.5	1.7
科研院所	23.5	46.4	24.5	4.1	1.5

图5-6 不同培养单位研究生对课程教学的满意度比较

64.4%

2. 研究生对课程体系合理性的评价相对偏低，满意率只有 64.4%（表 5-4），低于对课程教学的总体评价。

表5-4 研究生对课程体系合理性的评价

项目	比例/%	满意率/%	均值	中位数	标准差
非常满意	26.1	64.4	3.80	4	0.97
比较满意	38.3				
一般	26.9				
不太满意	6.8				
非常不满意	1.9				

研究生对课程前沿性的满意率只有64.5%

3. 研究生对课程前沿性的评价也低于对课程教学的总体评价，满意率只有64.5%（表 5-5）。

表5-5 研究生对课程前沿性的评价

项目	比例/%	满意率/%	均值	中位数	标准差
非常满意	27.4	64.5	3.82	4	0.98
比较满意	37.1				
一般	27.0				
不太满意	6.7				
非常不满意	1.8				

4. 研究生对教师教学水平的评价较高，对教师教学方法的评价相对较低，有78.2% 的研究生对教师的教学水平表示满意，70.3% 的研究生对教师的教学方法表示满意（表 5-6），两者均高于研究生对课程教学的总体满意度。

表5-6 研究生对教学方法和教学水平的评价

项目	非常满意/%	比较满意/%	一般/%	不太满意/%	非常不满意/%	满意率/%	均值	中位数	标准差
教学方法	30.3	40.0	23.4	4.9	1.5	70.3	3.93	4	0.93
教学水平	35.8	42.4	17.3	3.1	1.3	78.2	4.01	4	0.89

5. 对于课程教学的效果，研究生的评价普遍偏低。对课程教学在夯实基础知识、学习科研方法、了解学科前沿几个方面的作用，研究生的选择“很大”“较大”“一般”的比例只有 66.6%、69.5%、68.2%；课程教学在增加学习兴趣、提升实践能力、提高创新能力三个方面作用也较弱，仅有 61.1%、60.8%、59.7% 的研究生表示作用“很大”或“较大”（表 5-7）。

表5-7　研究生对课程教学作用的评价

项目	非常满意/%	比较满意/%	一般/%	不太满意/%	非常不满意/%	满意率/%	均值	中位数	标准差
夯实基础知识	29.9	36.7	25.7	5.6	2.1	66.6	3.87	4	0.97
增加学习兴趣	27.0	34.1	29.4	6.9	2.6	61.1	3.76	4	1.0
了解学科前沿	32.3	35.9	24.4	5.4	2.0	68.2	3.91	4	0.98
学习科研方法	33.4	36.1	23.3	5.3	1.9	69.5	3.94	4	0.97
提高创新能力	28.8	30.9	29.8	7.6	2.9	59.7	3.75	4	1.0
提升实践能力	29.8	31.0	27.9	7.9	3.4	60.8	3.76	4	1.1

（三）科研训练满意度

对科研训练满意率为68.3%

研究生对科研训练的满意率为 68.3%，详见表 5-8。

表5-8 研究生对科研训练的满意度

项目	比例/%	满意率/%	均值	中位数	标准差
非常满意	29.4	68.3	3.89	4	0.96
比较满意	38.9				
一般	24.1				
不太满意	5.8				
非常不满意	1.8				

1. 在各类培养单位中，科研院所研究生对科研训练的满意度最高，满意率达到了 76.1%；其次是“985 工程”高校、其他高校，“211 工程”高校研究生对科研训练的满意度最低，仅为 65.5%（图 5-7）。

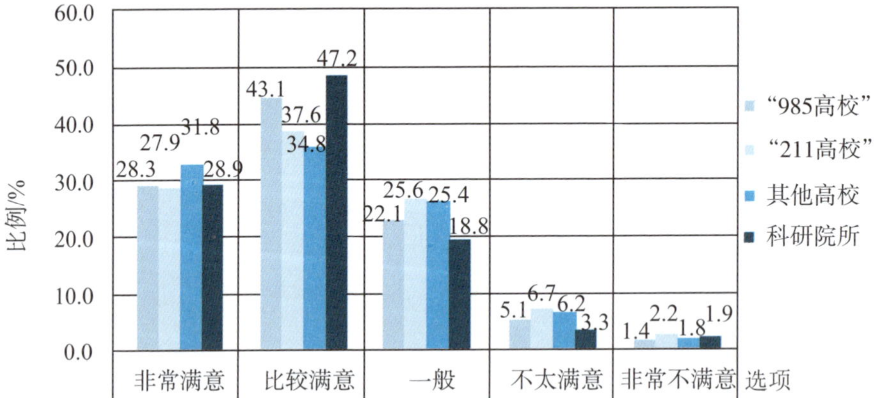

	非常满意	比较满意	一般	不太满意	非常不满意
“985高校”	28.3	43.1	22.1	5.1	1.4
“211高校”	27.9	37.6	25.6	6.7	2.2
其他高校	31.8	34.8	25.4	6.2	1.8
科研院所	28.9	47.2	18.8	3.3	1.9

图5-7 不同类型培养单位研究生对科研训练的满意度比较

2. 就培养层次而言，博士生对科研训练的满意度高于硕士生。博士生对科研训练的满意率达到 79.1%，而硕士生对科研训练的满意率为 67.1%（图 5-8）。

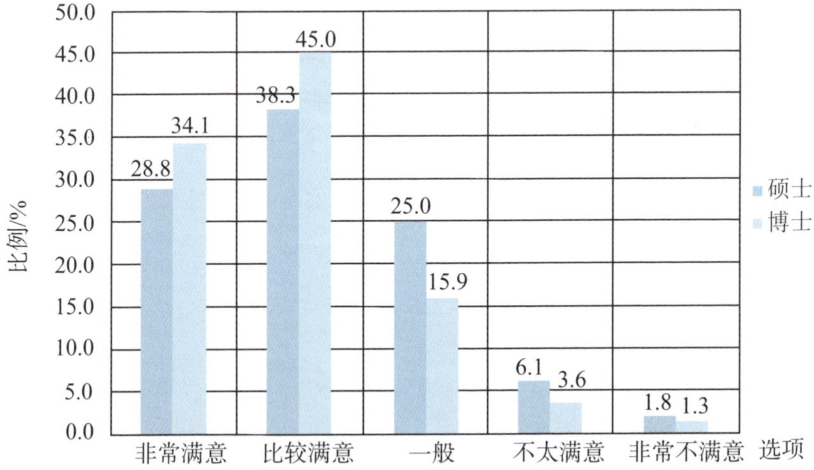

图5-8 不同层次研究生对科研训练的满意度比较

3. 研究生对参与科研项目的学术含量评价较低，表示参与科研项目的学术含量“很高”与“较高”的比例为 58.8%（表 5-9）。

表5–9 研究生对参与科研项目的学术含量评价

项目	比例/%	满意率/%	均值	中位数	标准差
很高	17.4	58.8	3.71	4	0.95
较高	41.4				
一般	33.7				
较低	5.3				
很低	2.3				

4. 研究生对所获科研补贴的评价依然较低。对科研补贴表示满意的研究生仅占 40.1%（图 5-9）。

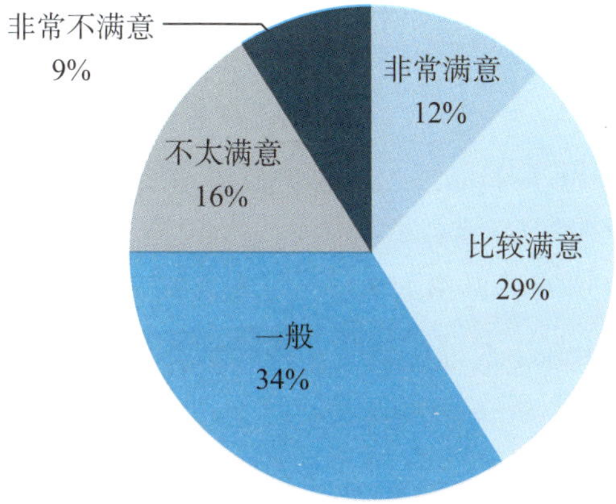

图5–9 研究生对科研补贴的满意度

5. 关于科研训练的效果，研究生更加认可科研训练对于提升自身学习能力和学术素养的作用，在这两个方面选择“很大”或“较大”的比例分别为 85.6% 和 82.4%。研究生对于科研训练在提升自身就业竞争力方面的作用评价相对较低，在这方面选择“很大”或“较大”的比例分别只有 66.0%（图 5-10）。

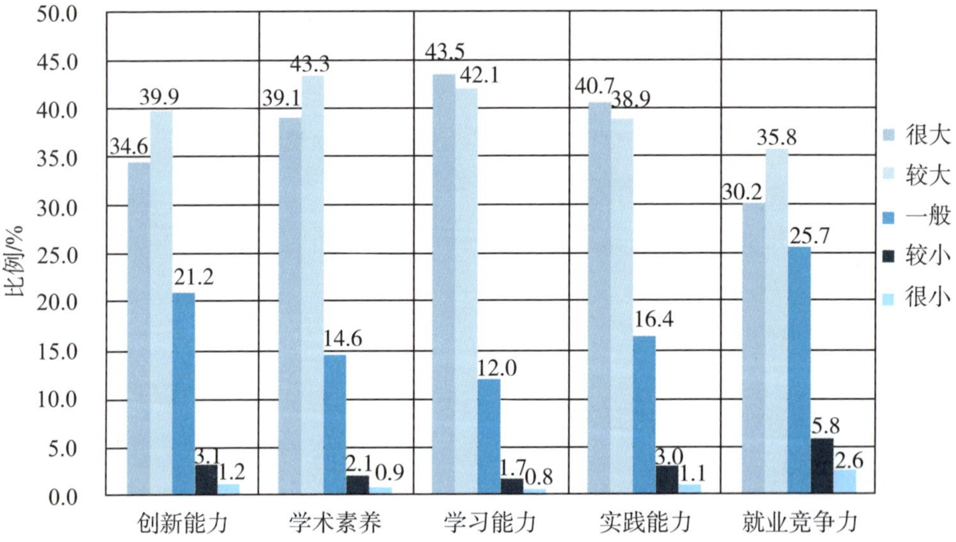

图5-10 研究生对科研训练作用的评价

（四）指导教师满意度

对指导教师的满意率为84.3%

研究生对指导教师的满意率为84.3%（表5-10）。对指导教师的满意度不仅远高于总体满意度，也高于对课程教学、科研训练、管理与服务等研究生教育各主要方面的满意度。

表5-10 研究生对指导教师的满意度

项目	比例/%	满意率/%	均值	中位数	标准差
非常满意	51.5	84.3	4.30	5	0.90
比较满意	32.8				
一般	11.3				
不太满意	2.6				
非常不满意	1.8				

研究生对导师道德素养和学术水平的评价相对较高（满意率分别达到了90.9% 和 88.6%）；对导师指导水平也较为认可，满意率达到了 85.8%，对导师指导频率的评价相对较低，满意率为 79.1%（表 5-11）。

表5–11 研究生对指导教师各题项满意度评价

项目	非常满意/%	比较满意/%	一般/%	不太满意/%	非常不满意/%	满意率/%	均值	中位数	标准差
学术水平	57.7	30.9	8.9	1.5	1.0	88.6	4.43	5	0.80
道德修养	64.1	26.8	6.6	1.4	1.2	90.9	4.52	5	0.79
道德修养	48.7	30.4	15.1	3.9	1.8	79.1	4.21	4	0.96
指导水平	55.9	29.9	10.5	2.3	1.4	85.8	4.38	5	0.87

关于导师对研究生各方面素质的影响，研究生的评价普遍较高。其中，在治学态度和道德修养方面，研究生的评价更高一些，表示导师对自身治学态度和道德修养影响“很大”或“较大”的比例都达到 85.5%。研究生表示导师对自身学术兴趣的影响“很大”或“较大”的比例相对低一些，为 77.1%（图 5-11）。

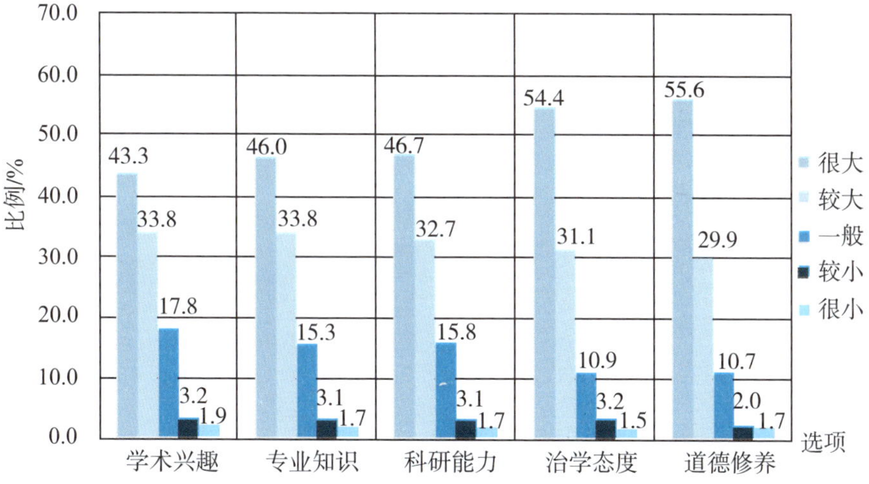

图5–11 研究生对导师影响的评价

（五）管理与服务满意度

对管理与服务满意率为69.8%，比总体满意度低0.8

研究生对管理与服务的满意率为69.8%，比总体满意度低0.8百分点(表5-12)。

表5-12 研究生对培养单位管理与服务的满意度

项目	比例/%	满意率/%	均值	中位数	标准差
非常满意	29.9	69.8	3.90	4	0.97
比较满意	39.9				
一般	22.6				
不太满意	5.4				
非常不满意	2.1				

在培养单位管理与服务各子项中，研究生对学生管理的满意度相对较高（满意率为73.0%），对图书馆、“三助”岗位以及奖学金方面的满意度超过了60%；研究生对学术交流机会、宿舍、就业指导与服务和食堂的满意度较低，满意率分别只有59.7%、58.9%、58.3%与54.5%，其中对食堂的满意度最低（表5-13）。

表5-13 研究生对管理服务各维度满意度评价/%

项目	非常满意	比较满意	一般	不太满意	非常不满意
图书馆	28.2	34.4	26.8	7.6	3.1
“三助”岗位	25.5	34.9	30.3	6.6	2.7
学生管理	35.1	37.9	19.9	4.7	2.5
学术交流	25.0	34.7	26.2	9.0	5.1
奖学金制度	25.0	35.6	26.4	8.7	4.3
就业指导与服务	24.8	33.5	26.1	9.5	6.1
宿舍	24.9	34.0	28.4	8.2	4.5
食堂	23.3	31.2	30.8	9.9	4.8

（六）专业学位研究生满意度

专业学位研究生对研究生教育的总体满意度高于学术学位研究生

1. 专业学位研究生对研究生教育的总体满意度高于学术学位研究生。调查对象中，专业学位研究生人数为 18702，占总体 32.8%。专业学位研究生对研究生教育的总体满意率为 71.3%，比 2016 年提高了 0.1 百分点（71.2%），高于学术学位研究生的总体满意率（70.2%）。专业学位研究生对课程教学和管理与服务方面的满意度高于学术学位研究生，但专业学位研究生对科研训练和指导教师的满意度低于学术学位研究生（图 5-12）。

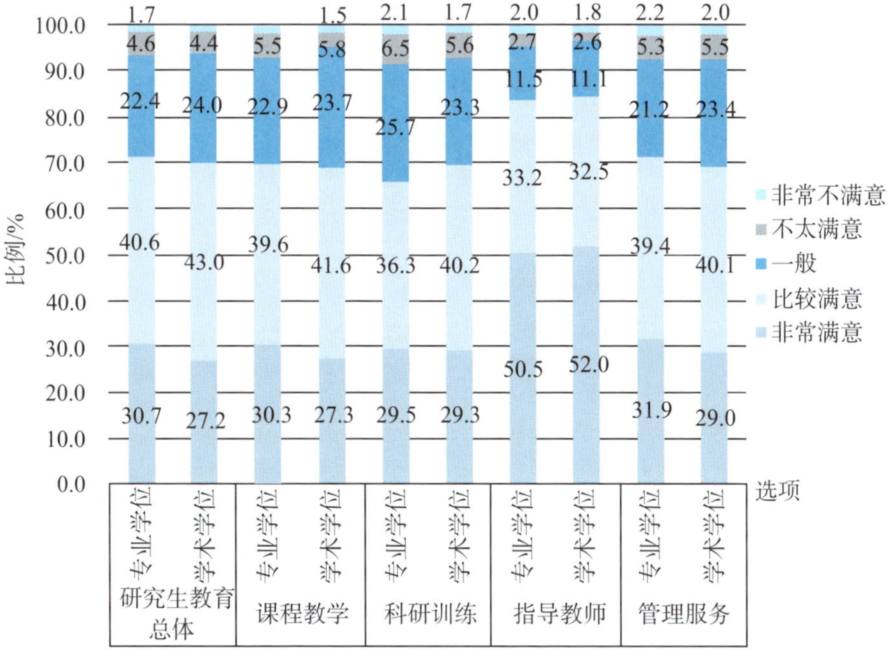

选项		非常满意	比较满意	一般	不太满意	非常不满意
研究生教育总体	专业学位	30.7	40.6	22.4	4.6	1.7
	学术学位	27.2	43.0	24.0	4.4	
课程教学	专业学位	30.3	39.6	22.9	5.5	
	学术学位	27.3	41.6	23.7	5.8	1.5
科研训练	专业学位	29.5	36.3	25.7	6.5	2.1
	学术学位	29.3	40.2	23.3	5.6	1.7
指导教师	专业学位	50.5	33.2	11.5	2.7	2.0
	学术学位	52.0	32.5	11.1	2.6	1.8
管理服务	专业学位	31.9	39.4	21.2	5.3	2.2
	学术学位	29.0	40.1	23.4	5.5	2.0

图5-12 专业学位与学术学位研究生各项满意度比较

拥有校外导师的专业学位研究生比例依然偏低

2. 拥有校外导师的专业学位研究生比例依然偏低。仅有 28.0% 的专业学位研究生拥有校外导师。专业学位博士生拥有校外导师的比例（14.4%）远低于专业学位硕士生（28.2%）。在拥有校外导师的专业学位研究生中，有76.0%对校外导师表示满意（图5-13）。

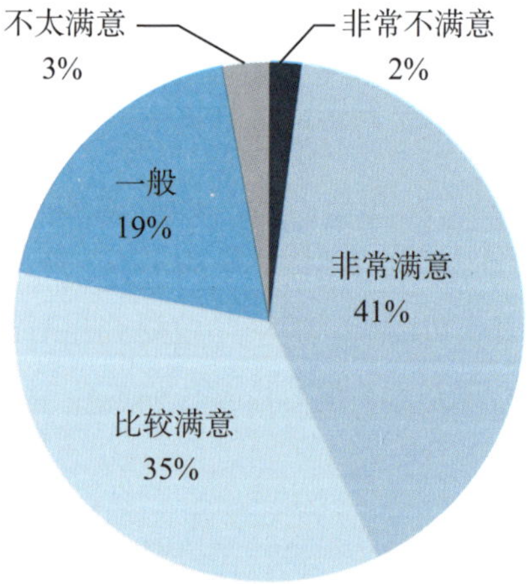

图5-13　专业学位研究生对校外导师的满意度

专业学位研究生拥有校外导师的比例各年级差异较大，三年级硕士生拥有校外导师的比率最高，为40.0%；四年级博士生拥有校外导师的比例最低，为9.1%（表5-14）。

表5-14　专业学位研究生拥有校外导师情况

学段	年级	有校外导师的比例/%	没有校外导师的比例/%
硕士	一年级	18.2	81.8
	二年级	34.4	65.6
	三年级	40.0	60.0
	四年级	39.2	60.8
博士	一年级	11.6	88.4
	二年级	17.9	82.1
	三年级	16.0	84.0
	四年级	9.1	90.9

3. 33.6% 的专业学位研究生进入实践基地参加专业实践。专业学位硕士生进入实践基地的比例（30.2%）远高于专业学位博士生（17.9%）。在进入实践基地的专业学位研究生中，有 83%对自己在实践基地的专业实践表示满意(图 5-14)。

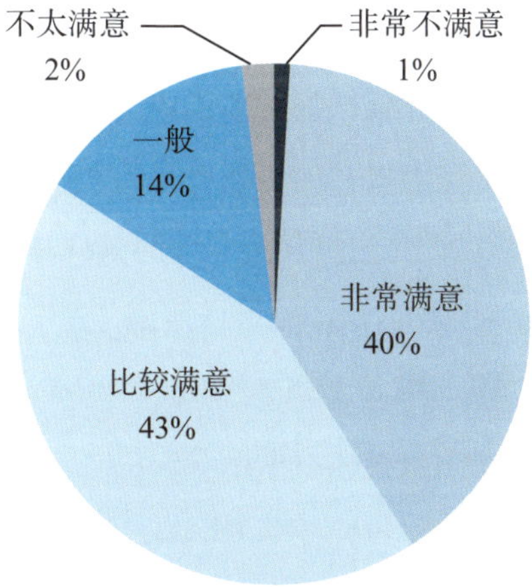

图5-14 专业学位研究生对实践基地的满意度

专业学位研究生进入专业实践基地的比例各年级差异较大，由于硕士生一年级主要为课程学习，进入专业实践基地的比例最低，仅为 21.2%，二年级硕士生、三年级硕士生和博士进入专业实践基地的比例均高于 40%（表 5-15）。

表5-15 专业学位研究生进入专业实践基地情况

学段	年级	有实践基地的比例 /%	没有实践基地的比例 /%
硕士	一年级	21.2	78.8
	二年级	41.6	58.4
	三年级	47.7	52.3
	四年级	48.0	52.0
博士	一年级	40.3	59.7
	二年级	28.1	71.9
	三年级	29.4	70.6
	四年级	22.7	77.3

四、结论与分析

2017年，研究生满意度调查改进了调查方式，扩大了调查范围，调查样本量有了大幅增加。调查结果显示出不同类型培养单位满意度差距缩小、专业学位研究生满意度高于学术学位研究生、部分方面满意度较低等几个主要特点。

1. 不同研究生群体对研究生教育的满意度呈现均衡化趋势

2012—2017年，不同的研究生群体对研究生教育的总体满意度的差别呈缩小趋势。从性别角度看，男生与女生之间总体满意率的差距从2012年的4.6百分点，缩小到2014年的0.9百分点，2015年、2016年男生和女生满意度基本持平，2017年男生与女生之间总体满意率的差距为0.8百分点。从学位层次来看，2012年博士生的满意率比硕士生高出近10百分点，但2017年这一差距只有3百分点。从学科门类来看，2012年表现最好的学科门类（医学）比表现最差的学科门类（文学）研究生总体满意率高出近25百分点；2017年，表现最好的学科门类（哲学）与表现最差的学科门类（管理学）研究生总体满意率的差距缩小到13百分点。但更有意义的是不同类型高校研究生满意度之间的差距出现了明显的缩小趋势。2012年，表现最差的其他高校（以地方高校为主）研究生的总体满意率比表现最好的科研院所研究生的总体满意率低15百分点左右；2017年，总体满意度最低的仍是其他高校，但它与总体满意度最高的“985工程”高校在总体满意率上的差距仅有3.1百分点。不同类型高校研究生教育满意度的差距缩小，一定程度上说明我国研究生教育质量出现均衡化发展趋势。经过研究生教育规模的跨越式发展阶段之后，其他高校（主要是地方高校）研究生培养规模迅速提高，经过持续的资源投入、人才引进、经验积累，研究生培养的条件不断改进，培养能力不断提高，特别是随着近些年研究生教育结构的调整，不少地方高校将研究生教育改革发展的重点放在专业学位研究生教育上，利用自身优势，探索与地方行业企业紧密结合的应用型人才培养模式，取得了较好的成效，得到了学生的认可，因而缩小了与重点高校、科研院所研究生教育满意度的差距。

2. 专业学位研究生满意率连续四年高于学术学位研究生

2012—2017年，专业学位研究生在调查总体样本中的比例从18.8%提升至

32.8%，同时，相对于学术学位研究生，专业学位研究生对研究生教育的满意度也不断提高。2012年和2013年，专业学位研究生的满意度低于学术学位研究生，但从2014年开始，专业学位研究生满意度反超学术学位研究生，到2017年已连续四年高于学术学位研究生（表5-16）。这是我国专业学位研究生教育发展的必然结果。我国从2009年开始全面招收全日制专业学位硕士研究生，专业学位研究生规模持续扩大。虽然教育主管部门一再强调专业学位与学术学位处于同一层次、不同类型，但在扩招之初，专业学位研究生比例不高，社会对专业学位研究生教育认可度较低，专业学位研究生生源质量较差，培养单位和导师对专业学位研究生重视不够，专业学位研究生独特的培养模式尚未形成，自然导致专业学位研究生自身对专业学位认同感较低，对研究生教育的满意度低于学术学位研究生。经过几年的发展，在教育主管部门的引导下，专业学位研究生在研究生中的比例日益提高，甚至在很多学校专业学位研究生成为硕士研究生的主体，培养单位越来越重视专业学位研究生教育，积极探索专业学位研究生培养模式与方法，政府、行业、企业也积极参与到专业学位研究生教育中来，专业学位研究生教育独特的培养模式逐渐形成，优势逐渐显现，生源质量明显好转，培养质量稳步提高，社会认可度也逐年提升，专业学位研究生的满意度上升甚至超过学术学位研究生，就是水到渠成之事。

表5-16　2012-2017年学术学位研究生与专业学位研究生总体满意率比较

年份	学术学位研究生总体满意率/%	专业学位研究生总体满意率/%
2012	63.5	61.9
2013	67.5	66.5
2014	66.2	67.0
2015	71.5	72.0
2016	70.4	71.2
2017	70.2	71.3

3. 研究生对某些方面满意度较低

整体来看，研究生对课程教学、科研训练、管理与服务的部分方面满意率相对较低。具体来看，在课程教学环节，研究生对课程体系合理性、课程内容前沿性、课程教学对自身作用的评价低于对课程教学的整体评价，仅对教师的教学水平的满意度较高。在科研训练环节，研究生对科研项目的学术含量、科研补贴的数量满意度较低。对科研训练对于提升自身学习能力和学术素养的作用评价较高。在管理与服务方面，除对学生管理评价较高外，研究生对图书馆、“三助”岗位、学术交流、奖学金、就业指导与服务、宿舍和食堂等各方面的满意度都比较低。这些方面无疑是研究生教育的“短板”，有待加强和改进。为此，我们提出如下建议：一是按照教育部《关于改进和加强研究生课程建设的意见》，真正重视课程教学在研究生教育中的基础性作用，加大课程教学改革力度，分类构建符合研究生成长成才需要的课程体系，提高课程的前沿性，加强课程教学管理与监督，切实为学术学位研究生开展科学研究、为专业学位研究生开展专业实践打下坚实的基础；二是重视科研训练在研究生培养中的主渠道作用，按照培养研究生科学研究、实践研究能力的要求，给研究生提供充足的参与重大科研项目的机会，加强科研过程中的指导和培养，让研究生通过参与高水平科研项目培养从事科学研究的志趣，学会科学研究的方法和规范，形成独立或合作开展科学研究的基本素养。三是继续加大研究生教育投入，创新研究生教育管理方式方法，增加服务意识和能力，为研究生学习和研究提供充足的教育资源，营造浓厚的学术氛围，创造有利于研究生成长成才的条件和环境。

第六章　研究生教育的国际述评

在信息化和科学技术迅猛发展的今天，研究生教育发展呈现出国际化的重要特征与明显趋势。这是我国经济社会发展的必然，也是我国研究生教育走向世界的必由之路。2015 年底，国家正式提出《统筹推进世界一流大学和世界一流学科建设总体方案》（以下简称“双一流”），我国研究生教育将面临全球性的市场、竞争对手与服务对象；与此同时，研究生教育是依托科研工作对人才进行培养，科学研究要解决的问题更应着眼于跨越国界的、全球性的问题。我国研究生教育的问题往往与很多国际问题紧密联系，与世界其他国家面临共同的机遇与挑战。他山之石，可以攻玉。梳理国外研究生教育动态，了解研究生教育发展中所面临的跨国界的全球性问题，有助于国家“双一流”战略的实现与我国研究生教育的持续发展。

一、国外媒体评价中国研究生教育

（一）通过20年来的努力，中国高校是否能跻身世界一流大学名单?

2015 年中国政府发布了“世界一流大学与世界一流专业 (world-class universities and world-class majors)”，即“双一流”建设计划，拟于 2020 年实现部分中国高校跻身世界一流大学行列，并于 2030—2050 年实现国际高等教育强国的目标。

中国政府为进一步推动国内高等教育的发展做出了长期的努力，并于 20 世纪 90 年代先后启动了“211 工程”与“985 工程”建设计划，为重点高校提供了优先发展的机会。在“211 工程”计划实行过程中，尽管“211 高校”仅占中国高校总数的 14.3%，但他们于 2009—2013 年获得了各级政府 70% 的教育总投入。“985 工程”计划的资助力度则进一步加强，仅清华大学就于 2014 年获得了 175 亿（约合 26 亿美元）的政府资金，浙江大学与北京大学分别获得了 156 亿（约合 23 亿美元）和 128 亿（约合 19 亿美元）的政府资金支持。随着新计划的颁布，“双一流”建设计划逐步取代了原有的“211 工程”、“985 工程”计划，引起了中国高校的广泛关注。政府资助是中国高校重要的资金来源，“双一流”建设计划将会影响高校所获得的政府资金数量，从而对自身的建设与发展产生重要的影响。目前，“双一流”计划尚未出台具体的资助名单与选择标准，据教育部发言人续梅表示，“双一流”计划的具体实施细则于2016年年内出台。

政府资助是中国高校重要的资金来源，“双一流”建设计划将会影响高校所获得的政府资金数量，从而对自身的建设与发展产生重要的影响

然而，部分专家则对“双一流”建设计划提出了质疑，认为该计划不过是“新瓶装旧酒”。尽管政府给予了这些高校丰厚的资金支持，但是其获得的学术成果却不尽如人意。据统计，在过去的20年中大陆顶尖的高校在全球排名中基本处于停滞不前的状态。在2016年8月最新发布的“世界大学学术排名 (Academic Ranking of World Universities, ARWU)”中，清华大学与北京大学首次入围世界百强，分别位列第58位与71位，相比2015年的101—150位排名有了大幅上升。复旦大学在发布的若干排名中跻身两个排名的前百位，上海交通大学也进入了其中一个排名的前100名，但是却未能进入泰晤士高等教育排名 (Times Higher Education Ranking) 的前300名。上海华东师范大学吴遵民教授表示，尽管在过去的20年中国高校在基础设施与学术研究方面获得了长足的进步、与世界一流大学的差距逐渐缩小，但是中国的精英阶层仍更倾向于将孩子送至西方接受高等教育。他表示，中国高校的学术发展依赖于政府的资金支持，过于功利主义，难以实现专注于学术研究、追求真理的、自由的学术氛围。因此，“双一流”计划能否实现建设世界一流大学的目标仍有待商榷。①

（二）中国的世界一流大学建设需要方向

2015年10月24日，中国国务院印发了《统筹推进世界一流大学和一流学科建设总体方案》，明确阐述了下一阶段中国建设世界一流大学的规划蓝图与进程安排，计划整合现有的高等教育建设措施，进一步协调资源配置，实现世界一

① 通过20年来的努力，中国高校是否能跻身世界一流大学名单？[EB/OL].[2017-06-20]. http://www.scmp.com/news/china/policies-politics/article/2009267/retaking-test-can-chinas-universities-secure-world.

流大学的建设。随后，中国教育与财政部门（Ministries of Finance and Education）公布了部属高校世界一流大学建设资金激励计划，该计划基于原有的高校建设项目，以 5 年为周期，进一步明确了资金分配与使用标准，重点强调了资金管理的透明与资源利用效率，旨在为贡献突出、成就卓越的高校提供充足的资源支持，促进中国世界一流大学的建设。中国实现建设世界一流大学的目标并非一蹴而就的，而是需要经历一个复杂的过程。目前，世界一流大学尚无一个标准的定义，尽管各类国际大学排名能在一定程度上反映高校的实力，但大部分排名主要以国际规则下高校的投入与产出为衡量指标，受到政府支持力度的显著影响，因此这也引导了中国采取以国家力量为主导，集中建设世界一流大学的主要策略。自 2005 年起，中国政府向顶尖高校投入大量资金，提升了基础设施建设与科研实力。最新的报告数据显示，中国的研发支出已上升至国际第二位，占全球研发支出的 20%。同时，中国的出版刊物数量占世界总量的比率已上升至 20%，学者数量在 2008—2014 年增幅高达 151%。由此可见，在政府的大力支持下，中国顶尖大学的科研水平与学术成果取得了跳跃式的发展。然而，这些成果仅能体现中国部分高校实力的增强，而高校的整体水平仍值得进一步探讨。在西方国家金融危机的背景之下，中国高校能够借此机会提高国际刊物发表数量，但随着中国经济增速的减缓，这种优势将会在以英语为主导的国际学术圈逐渐消退。此外，西方发达国家的高等教育体系发展更为完善，在教学与科研职能之外，均形成了具有自身特色的高等教育优势，如英国高校的人文教育特色、德国高校的科研理念和美国高校的社会服务职能。但是，目前具有中国特色的高等教育体系尚未形成，政府文件也未指明建设具有中国特色高等教育体系的具体措施，因此中国世界一流大学的建设需要一个具体而明确的方向。只有在大方针的指导下，中国高校才能结合本国文化的特殊性和国际影响力，形成具有中国特色的教育体系，实现高等教育的发展和世界一流大学的建设。①

中国的研发支出已上升至国际第二位，占全球研发支出的 20%。同时，中国的出版刊物数量占世界总量的比率已上升至 20%，2008—2014年学者数量增幅高达 151%。

---

① 来源：美国《高等教育内视》，2015 年 12 月 20 日 .

二、国外研究生教育动态

（一）在线学位项目的兴起和发展

随着“微课程”(micro-masters) 在线平台的迅速发展，美国越来越多的高校开始尝试提供在线学位项目。麻省理工学院 (Massachusetts Institute of Technology, MIT) 最先在供应链管理学科领域启动了该项目，申请者只需修完 5 门在线课程，并交付 1000 美元作为证书和考试费用即可获得学位证书。通过“微硕士”项目所获得的学分也可转换为麻省理工学院传统硕士学位的学分。大规模在线平台(edX)负责人阿南特 · 阿加瓦尔(Anant Agarwal)表示，MIT 每年提供 40 个供应链管理硕士学位名额，2015 年共有 3500 人报名参加“微硕士”学位课程。

此外，哥伦比亚大学 (Columbia University) 也提供人工智能方面的“微证书”课程，密歇根大学 (University of Michigan) 在经验研究设计、教育创新与发展、社会工作（实践、政策和研究）等领域开设了“微硕士”学位相关课程。超过 12 所高校计划实行“微硕士”在线学位项目，部分课程材料将来自传统硕士学位的课程。申请者不需要通过入学流程，仅需要修完一系列短期在线课程就可以完成学业。

超过12所美国高校计划实行“微硕士”在线学位项目，部分课程材料将来自传统硕士学位的课程

阿加瓦尔指出，随着“微硕士”在线学位项目的发展，更多的学院将提供在线学位项目，这也为高校实施该项目带来一定的挑战，例如，防治欺骗作弊问题。高校也将考虑通过更多的方式来权衡申请者的表现。[1]

① Jeffrey R Young. *Online 'micro-masters' programmes extend their reach.* [EB/OL]. [2017-05-20]. http://www.universityworldnews.com/article.php?story=20160923140206232.

（二）脱欧将严重冲击英国高校

英国自由民主党 (Liberal Democrat) 一项调查显示，超过 3/4 的高校管理者认为，英国脱欧或导致英国高校面临科研资金、国际声誉、人才流动等多方面的冲击。

超过3/4的高校管理者认为，英国脱欧或导致英国高校面临科研资金、国际声誉、人才流动等多方面的冲击

华威大学 (University of Warwick) 副校长斯图亚特 · 克罗夫特 (Stuart Croft) 教授表示，英国脱欧的影响范围远远不止于学术圈。他警示道，英国高校在脱欧之后无法获取欧盟的资金支持，这将会影响双方顶尖人才在解决社会最迫切问题方面的合作。华威大学和伦敦大学皇家霍洛威学院 (Royal Holloway) 管理者表示，受英国脱欧影响，美国和澳大利亚的高校欲终止与英国高校的合作，英国高校将失去“玛丽 · 居里学者计划” (Marie Curie Research Fellowship Programme) 的资金支持。伯明翰城市大学 (Birmingham City University) 副校长克里夫 · 艾伦 (Cliff Allan) 教授表示，英国脱欧将严重影响英国高校的国际地位与声誉。林肯大学 (University of Lincoln) 副校长玛丽 · 斯图尔特 (Mary Stuart) 表示，国际合作伙伴或将英国脱欧视作英国“闭关锁国”的信号。

多位高校管理者表示，在确定脱欧的潜在损失之前，高等教育研究法案应该推迟出台。即便英国脱欧，欧盟学者在英国的工作权和居住权，以及英国和欧盟学生在欧盟各地学习的权利都应当予以保留。①

（三）高等教育资金来源与经费资助问题

1. 德国一高校修订争议性资助协议

据悉，德国美因茨约翰内斯古滕贝格大学 (Johannes Gutenberg University of Mainz) 校长宣布将全面修改同慈善基金会——勃林格殷格翰 (Boehringer Ingelheim Foundation) 科研资助管理协议。该协议曾因其允许第三方干预大学人

① Jessica Elgot. *Universities fear UK's global reputation in jeopardy due to Brexit*. [EB/OL] . [2017-05-20] . https://www.theguardian.com/education/2016/sep/19/universities-fear-uk-global-reputation-in-jeopardy-brexit.

事任免和科研发表的潜在可能而引起争议。此举将对其他德国大学接受第三方科研资助产生影响，但是批评者对其结果仍不满意，他们呼吁大学与资助方的条款应更加透明化与规范化。

呼吁大学与资助方的条款应更加**透明化与规范化**

2016 年 7 月 4 日，美因茨大学校长乔治·克劳施 (Georg Krausch) 向媒体公开承认资助协议赋予资助方对教授人事任命的一票否决权，但是他表示这并非协议的初衷，此外，资助方也从来没有干涉大学的人事任命。另一方面他表示，外界对新闻发表包括科研论文等的学术发表需经过资助方同意的说法存在“误解”，协议条款的本意是保证科研成果的质量，而非赋予资助方控制权。但是，资助协议的措辞确实造成一种错误的认知，即校方缺乏独立自主权。目前，美因茨大学正与勃林格殷格翰基金会一同对协议的措辞进行修改。

对此，各方褒贬不一。美因茨所在的莱茵兰—普法尔茨州科学部官员康拉德·伍尔夫 (Konrad Wolf) 表示修订是没有必要的，美因茨大学签订的资助协议中没有明确授予资助方一票否决权，美因茨校方的人事任命完全自主，科研和教学的自由也没有受到影响。此外，他还称赞了基金会资助下美因茨大学的卓越科研表现。然而，德国大学教授和讲师联合会 (German Association of University Professors and Lecturers) 会长迈克尔·哈特曼 (Michael Hartmer) 认为州科学部的立场“令人费解”，其为资助协议辩护的做法不利于科研的发展。

批评者要求立法者能够采取更为强硬的措施，以确保大学信息的公开与透明，比如现有的信息公开法应在修订条例中明确规定其适用范围包括资助协议，而大学的资助情况也应该得到最高程度的公开，相关科研咨询机构如德国科学与人文委员会 (German Council of Science and Humanities) 应提供指导性规定，规范大学与业界的合作关系。①

2. 加拿大：大型高校更易获得科研基金

一项由特伦特大学 (Trent University) 生物学教授丹尼斯 · 默里 (Dennis Murray)

① Hinnerk Feldwisch-Drentrup. *German university says it will rewrite controversial funding deal.*［EB/OL］.［2017-05-20］. http://www.sciencemag.org/news/2016/07/german-university-says-it-will-rewrite-controversial-funding-deal.

和其同事的研究表明，近年来加拿大小型高校科研人员所获科研基金呈现稳定的下降趋势。研究者认为“系统性偏见”（相比中小型高校的研究人员，科研基金评估更青睐大型高校的研究人员）是这一下降趋势背后的原因。研究显示，相比大型高校的同行，来自小型高校的科研人员获得加拿大自然科学与工程研究理事会 (Natural Sciences and Engineering Council, NSERC) 科研基金的成功率更低，高级研究员与青年研究员皆面临这一状况。具体来说，小型高校中的高级研究员比其大型高校中的同行获得该基金的概率低 42%。此外，研究还发现，中型高校的研究员获得该基金的概率比其大型高校的同行低 20%。

近年来加拿大小型高校科研人员所获科研基金呈现稳定的下降趋势。研究者认为“系统性偏见”（相比中小型高校的研究人员，科研基金评估更青睐大型高校的研究人员）是这一下降趋势背后的原因

湖首大学 (Lakehead University) 北方研究专业教授道格·莫里斯 (Doug Morris) 指出，纵观所有评估指标，来自小型高校的申请者，无论他们是刚入职的状态还是有相当的研究经历，指标排名都低于来自大型高校的同行。研究预警，倘若“系统性偏见”问题得不到解决，加拿大小型高校的科研基金 10 年内必定遭受重创。对此，加拿大自然科学与工程研究理事会已意识到这一问题并采取了改善措施以帮助小型高校的科研人员获得科研基金。然而，有人担忧这些改善措施并不能消除科研基金评估过程中存在的偏见。温莎大学 (University of Windsor) 海洋与渔业外来入侵物种研究教授雨果 · 迈克萨克 (Hugh MacIsaac) 表示，“改善措施只是权宜之计，并不能掩盖科研评估过程本身的不公正。”①

3. 巴西：科学家抗争未来 20 年的资助冻结

在过去的 3 年中，巴西科学预算下降幅度超过 40%。目前，巴西科研工作者正面临着更严峻的情况：由于通货膨胀，宪法修正案指出在未来 20 年巴西联邦科学支出将会被冻结。2016 年 11 月 16 日，19 所巴西高等教育和研究机构联名给参议院写了一封信，要求剔除修正案中有关科学、教育条款。巴西科学学

① REBECCA TRAGER. *Bias in science funding favours big Canadian universities*［EB/OL］.［2017-05-20］. http://www.rsc.org/chemistryworld/2016/07/bias-science-funding-favours-big-canadian-universities.

会的会长，物理学家路易斯 · 达维多维奇 (Luiz Davidovich) 指出一旦特梅尔法案 (Temer’s legislation) 终止联邦科学支出，巴西科学界将完结。

2013 年，巴西科学部（Ministry of Science, Technology，Innovations and Communications，MCTIC）预算为 79 亿雷亚尔（约 23 亿美元）。随着经济下滑，2016 年科学预算下降到 7 年以来最低 46 亿雷亚尔（约 13 亿美元）。由于科学经费的减少，一些科学家离开巴西，还有一些正在从事研究工作的科学家抱怨没有收到 2016 年的资助经费。巴西科学进步协会 (Brazilian Society for the Advancement of Science) 主席海伦娜 · 纳德 (Helena Nader) 指出，冻结科学预算将会是一场巨大的灾难。巴西联邦科学支出目前只占巴西国内生产总值的 1.1%，未来几年，随着国民生产总值的提高，如果冻结科学支出，这个比例还会继续下降。

更令科研工作者沮丧的是，巴西科学技术发展协会 (National Council for Scientific and Technological Development) 原本是一个独立运行的机构，可以直接向科学部部长汇报，现在却需要先向一个主管汇报，主管进而再与科学部的副部长汇报。纳德感叹道：“科学已经被挤在第四层次水平上了。”纳德和达维多维奇认为政治地位的下降使协会更难争取到资源。现在，巴西科学还面临着诸多不确定。达维多维奇指出，修正案是否会将教育和研究相关条款剔除，参议院是否会从其他商业途径来为巴西科学部提供经费资助，都还很难预测。

（四）博士生数量急增对博士教育质量未产生负面影响

2017 年 3 月 3 日，丹麦博士生培养质量分析报告指出，丹麦博士生数量虽翻倍增长，但其教育质量仍保持较高水平。据统计，丹麦博士生就业率高达 95%，在经济合作与发展组织 (Organization for Economic Co-operation and Development，OECD) 成员国中位居第五，其中 37% 就业于私营企业，位居 OECD 成员国之首。与此同时，丹麦国际学生比例 2003—2010 年增长 19%，毕业 5 年后仍留居丹麦的国际博士生达 41%。报告结果印证了政府在国际高等教育与研究项目中扩招博士生政策的成功。

丹麦博士生培养质量分析报告指出，丹麦博士生数量虽翻倍增长，但其教育质量仍保持较高水平

此前，随着博士生数量的增长，人们曾对丹麦的博士教育质量提出质疑。但博士生学习体验满意度调查结果显示，81% 的丹麦博士生对教育质量表示满意或十分满意，72% 的博士生导师认为当前的博士教育质量与从前相比没有下降，甚至更高。

曾担任丹麦政府专家组主席的瑞典皇家理工学院教授斯弗克·索林 (Sverker S · rlin) 在接受本报采访时称：“博士教育的发展状况大体上是比较令人满意的，这印证了我们在 2005—2006 年评估报告中做出的预想：扩大博士教育规模是社会对未来的可靠投资。”此外，教授也指出，博士生教育对科学、技术、工程和数学过于偏重，这种现象需要得到改善。①

（五）俄罗斯发布“5/100”计划，建设高水平大学

进入 21 世纪第二个 10 年，争创世界一流成为俄罗斯大学发展与改革的重要任务。在普遍依据量化评价体系评价大学水平的当下，秉承苏联传统、之前不屑参与和认可世界大学排名的俄罗斯，已经无法面对俄罗斯高等院校在一系列世界排名中所处的尴尬地位。2010 年 5 月，俄联邦政府第 354 号决议阐明，以高科技为引领的俄罗斯经济发展需要创建世界一流大学，它们同时肩负为国家高科技领域培养人才、推动科技创新发展等多项任务。2012 年 5 月，普京签署俄罗斯政府第 599 号令，正式实施《关于国家政策在教育和科学领域中的落实措施》，其中首次提出 2020 年前俄罗斯不少于 5 所大学进入世界权威大学排行榜前 100 名的目标。由此而来的“5/100 计划”成为此后一系列世界一流大学建设政策的统称。俄罗斯大学的 5/100 卓越大学计划和中国大学 985 计划类似。

> **2012年5月，俄罗斯正式实施《关于国家政策在教育和科学领域中的落实措施》，其中首次提出2020年前俄罗斯不少于5所大学进入世界权威大学排行榜前100名的目标**

“5/100 计划”的实施包括高校竞争参与、专设国际专家委员会投票表决、获

① Jan Petter Myklebust. *Doubling of PhDs has not affected quality-Analysis.* [EB/OL].[2017-05-20]. http://www.universityworldnews.com/article.php?story=20170306231754151.

得专项经费、实现高水平发展、冲击世界一流大学等环节。有意愿的高校须提交书面申请和本校创新发展方案，经公开陈述，由国际专家委员会根据选拔标准进行评分和全体投票决定入选与否。专设的国际专家委员会是处理俄罗斯高等院校国际化问题的常设咨询机构，负责研究大学选拔标准和提升大学国际竞争力的项目设置。目前，通过两轮选拔，已经有 21 所国立高校进入“5/100 计划”支持大学成员名单。该名单实行末位淘汰的竞争机制，一旦有高校复检不合格，随即取消其成员资格和专项经费支持。

“5/100 计划”的财政支持力度非常强劲，政府的经费投入逐年追加。2013 年 10 月梅德韦杰夫总理签署总金额为 90 亿卢布的专项财政预算，用以支持入选“5/100 计划”的 15 所高校，2014 年划拨 100.5 亿卢布，2015 年划拨 120 亿卢布支持 21 所入选高校，2016 年预备划拨 125 亿卢布。“5/100 计划”是俄罗斯高教改革的第三步，也是冲击世界一流大学的强力之举。在国际化水平不断提高、支持力度不断加大的背景下，俄罗斯大学冲击世界一流大学的目标应该越来越现实。[①]

2013 年 10 月梅德韦杰夫总理签署总金额为 90 亿卢布的专项财政预算，用以支持入选“5/100 计划”的 15 所高校，2014 年划拨 100.5 亿卢布，2015 年划拨 120 亿卢布支持 21 所入选高校，2016 年预备划拨 125 亿卢布。

1. 俄罗斯拟将于 2017 年发布新的世界大学排名

据悉，莫斯科国立大学 (Moscow State University) 校长、俄罗斯校长联盟 (Russian Union of Rectors) 主席维克多 · 萨瓦尼奇 (Viktor Savonichy) 于 2016 年 12 月 2 日宣布，俄罗斯的首个世界大学排名计划将于 2017 年发布，其范围涵盖了俄罗斯、亚洲、南美与东欧的高等教育机构，并将邀请国际专家参与该项工作，以获得全球认可。

萨瓦尼奇主席在新闻发布会上表示，俄罗斯作为一个经济与教育大国，具有强大的传统教育体系，并且为许多国家提供了宝贵经验。在全球大学排名热度不断升温的潮流下，为更加深入的了解自身的教育体系，促进国家高等教育的发展，进行大学排名势在必行。萨瓦尼奇主席指出，俄罗斯的世界大学排名拟将设置“教育（40%）”“科学（30%）”“国际化（10%）”“稳定与发展潜力（10%）”

① 肖甦 . 俄罗斯的一流大学建设［J］. 华东师范大学学报 (教育科学版),2016(03):12-15.

与“远程教育（10%）”5个维度，包含34项二级指标。①

2. 简化签证制度，留学生招生名额增至20万

2017年，俄罗斯政府将高校留学生招生名额从原来的15万增加至20万，并开始落实简化留学生签证制度的相关计划。

2017年，俄罗斯政府将高校留学生招生名额从原来的15万增加至20万，并开始落实简化留学生签证制度的相关计划。俄罗斯教育与科学部副部长称，此项计划有利于提升俄罗斯高等教育的国际形象，增强国家软实力。副部长说：“提高留学生招生名额的提案已经通过，国内大学已经做好接收20万留学生的准备。”增加留学生招生名额是俄罗斯政府推动本国高等教育国际化的举措之一，与此同时，俄罗斯大学为留学生提供的奖学金名额也从1.5万增加到2万。同样以提高俄罗斯重点大学国际化程度为目标的“5/100”计划发言人称：“俄罗斯的高等教育正变得越来越开放，俄罗斯大学的世界排名和学术声誉正在不断提高，跨国合作办学项目和外语教学项目也在不断推进，越来越多的留学生和学者选择来俄罗斯学习和就业”。该发言人指出，留学生的输入是俄罗斯教育全球竞争力与影响力的一项重要指标。②

3. 在俄留学生消费支出达14亿美元

俄罗斯总统国民经济与公共管理学院的最新研究结果显示，2015年在俄留学生总开销已达14亿美元，留学生人数逾28万。

俄罗斯总统国民经济与公共管理学院(Russian Presidential Academy of National Economy and Public Administration)的最新研究结果显示，2015年在俄留学生总开销已达14亿美元，留学生人数逾28万。该研究预计，赴俄留学的热潮将一直持续，到2030年，留学生人数将增长近4倍，总支出可达64亿美元。

① Elena Proshina. *Russia to establish new university rankings in 2017*.［EB/OL］.［2017-05-20］. http://rbth.com/education/2016/11/03/russia-to-establish-new-university-rankings-in-2017644813.

② Beckie Smith. *Russia: international student spending hits $1.4bn*.［EB/OL］.［2017-05-20］. https://thepienews.com/news/russia-international-student-spending-1-4bn-ranepa-research/.

该研究负责人古尔娜拉·克拉斯诺娃 (Gulnara Krasnova) 认为，俄罗斯政府对大学国际化的支持是促使学生人数和学校收入攀升的关键因素：国家级研究资助、建立联邦大学、发展新研究项目等国际化支持项目都有助于吸引国际人才。

其他有助于吸引国际人才的措施还包括旨在推进研究发展并提高重点联邦大学国际化程度的政府王牌项目“5/100”计划。该计划去年的年度报告显示，过去 3 年内，重点联邦大学的留学生人数已增长至原来的两倍。

（六）高校教师对研究生教育的认识研究

目前，大部分探讨研究生教育实施成效的研究都以在校生或应届毕业生为研究样本。本文独辟蹊径，选取了美国不同高校中在不同学术生涯阶段的教职员工进行实证研究。本研究探讨了高校教师在任教后对其所接受的研究生教育的认识与评价，并通过回顾与反思发现目前研究生教育中存在的不足。该研究基于时间（学术生涯阶段）、用人机构、博士教育机构与学术生产力水平 4 个维度探讨了高校教师对研究生教育的认识。研究发现，处于学术生涯初期、中期与后期的高校教师对于其研究生学习阶段有着不同的看法，对于研究生教育存在不足的认知会随着学术生涯的推进而逐渐减弱。此外。对于研究生教育的看法，不同教育机构的教师也有着不同的看法。以物理专业为例，毕业于专业排名相对落后高校的教师对于自身所接受的研究生教育会具有更多的不满。[①]

处于学术生涯初期、中期与后期的高校教师对于其研究生学习阶段有着不同的看法，对于研究生教育存在不足的认知会随着学术生涯的推进而逐渐减弱

（七）国外教育博士的培养模式

各国的教育政策和教育投入也影响着教育博士专业学位教育的发展。2004 年，英国质量保障局（QAA）修订再版了《确保高等教育学术质量和标准的实践准则——研究生科研项目》白皮书。这是英国质量保障局为确保高等教育质量而出版的学术框架和标准，它对研究生的的责任与义务，尤其是研究生培养作出了明确规定，其中一项内容便是明确了对教育博士实践能力与科研素质的双重要

① Hermanowicz J. C. *Faculty perceptions of their graduate education* [J]. Higher Education,2016,72(3)：1—15.

求。在美国，为配合《不让一个孩子掉队法案》(NCLB)和"力争上游计划"(RTTT)等政策的实施，要求培养大量具有博士学位的一线教育人才，以适应教学领导、学业标准设置、教学评价、学校效能改进等专业性强的岗位。在澳大利亚、德国等其他国家，也针对教育职业的变化提出强化教育博士的实践创新能力培养。

教育博士自身也极为看重实践创新能力的发展。澳大利亚爱迪考文大学在设置教育博士课程之前，曾做过一项需求调查，在当地所调查的200余名中小学教师中，超过80%的受访者表示希望通过教育博士项目的学习改进自己的教学实践。英国桑德兰大学在2011年对73名在读教育博士做了一项关于"为什么选择学习教育博士项目"的调查，其中34多名学生选择了"自我成就感"，24名学生出于"专业或学科兴趣"考虑，另有10名选择"事业长远发展"，只有5名学生是出于获得"博士"头衔或其他原因。可见，大部分在读教育博士攻读学位的动力在于提升自己的专业技能和职业素养，而提升教学实践与创新能力则是学生攻读教育博士的基本需求。①

大部分在读教育博士攻读学位的动力在于提升自己的专业技能和职业素养，而提升教学实践与创新能力则是学生攻读教育博士的基本需求

三、亚洲国家研究生教育质量

（一）日本：提议"卓越研究生院"事业，强化国际竞争力

日本文部科学省在面向2016—2020年第三次研究生教育振兴施策纲要中，提出当务之急是强化研究生院的国际竞争力，作为博士人才培养的场所，提议"卓越研究生院（临时名称）"事业

日本文部科学省在面向2016—2020年第三次研究生教育振兴施策纲要中，提出当务之急是强化研究生院的国际竞争力，作为博士人才培养的场所，提议"卓越研究生院（临时名称）"事业。

① 王正青，鲍娟．国外高校实践创新型教育博士培养经验与借鉴［J］．教师教育学报，2016(4):90—94.

日本文部科学省历时近半年审议讨论（2016年2月1日至2016年6月30日），提出了该计划。该计划是针对今后10年研究生教育改革提出的新构想，2018年正式开始实施。在此之前预留足够的时间让申请主体在内部机构调整、合作对象选择以及博士人才培养的方案构想方面积极进行讨论。该项目的核心主体是各大学的研究生院，但文部科学省明确规定申请主体必须是大学。这样就要求举全校之力来协助该事业策划及构想，这一责任主体的认定也保证了该项目的实施。"卓越事业"注重在申请企划阶段，国外一流大学、研究机关、国内企业、国内大学间、研究机关间等多元主体的加入，深入贯彻产学官合作，具体表现在各合作主体就博士人才培养的具体方案达成共识之后，研究生院在此基础上进行一系列的诸如课程编制等的后续策划。同时，按照该项事业的规划，大学作为申请主体，进行公开竞争前，已经从合作对象获得了外部的资金支持，即资金和人才培养方案一起作为审查条件。如此，其一减少了大学在专业领域设计方面对资金的顾虑和文部科学省财政的负担，可以让更多的申请主体加入到该项计划中；其二，因为企业提前有了资金投入，可以保证企业参与的积极性和对该项事业后续发展的持续关注。①

（二）韩国研究生：未为职业生涯做好充分准备

通过对韩国研究生目前的职业发展和指导情况进行调查研究发现，韩国研究生尚未为学术或者职业生涯做好充分准备，学校需要给予他们更多的技能指导和职业培训。

通过对韩国研究生目前的职业发展和指导情况进行调查研究发现，韩国研究生尚未为学术或者职业生涯做好充分准备，学校需要给予他们更多的技能指导和职业培训。调查内容主要包括：第一，韩国研究生是否获得了充分的职业发展指导、职业培训及相关支持；第二，韩国研究生是否具备相应的职业技能，为特定的学术事业和职业生涯发展做好了充分准备；此外，本研究也对韩国研究生的英

① 文部科学省．第3次大学院教育振兴施策要纲[EB/OL].[2017-05-20].http://www.mext.go.jp/b_menu/houdou/28/03/__icsFiles/afieldfile/2016/04/15/1369696_1.pdf.

语技能、学习动机以及其他因素进行了调查。研究还发现，无论是在从事学术事业或其他职业，韩国 研究生的英语水平都有待提高。[①]

（三）印度：政府设立国家博士后奖学金，资助“纯科学研究”的博士后学业

印度政府开展一项资助计划，旨在资助从事“纯科学”研究的学者，帮助他们在完成博士学位后继续在印度从事、开展博士后研究

印度政府开展一项资助计划，旨在资助从事“纯科学”研究的学者，帮助他们在完成博士学位后继续在印度从事、开展博士后研究。印度科学技术部(Department of Science and Technology)秘书阿舒托什 · 夏尔马(Ashutosh Sharma)表示，这些学者将会获得每个月 5 万卢比（约合 750 美元）的资助，资助周期长达 3 年。此外，他们每年还将会获得 70 万卢比（约合 1 万美元）的基本补助以更好的开展研究工作。印度国家博士后奖学金已于 2016 年 3 月启动，当年计划资助 1000 名左右的学者。夏马尔指出，由于学者只有获得博士后学位才能在印度高校得到一份全职工作，因此不少学者在获得博士学位后更倾向于出国深造。许多国外大学往往会为博士提供博士后的工作机会。该项资助计划旨在帮助印度政府留住本国的优秀科研人才。[②]

2016年3月，印度政府宣布计划选出20所大学，将其建设成为世界一流大学

2016 年 3 月，印度政府宣布计划选出 20 所大学，将其建设成为世界一流大学。印度财政部长在财政预算演讲中提到，政府将设立一个教学和科研的监管机构并制订详细的计划，推动 10 所公立大学和 10 所私立大学成为世界一流大学。政府将建立一个不以营利为目的的高等教育融资机构，通过调节来自市场的资

---

① Kent Lee, Hikyoung Lee. *Korean graduate students' perceptions of guidance and professional development*[J]. Higher Education，2016 (2):73.https://link.springer.com/article/10.1007/s10734-016-9988-9.

② 来源：印度《印度教徒报》，2016 年 03 月 28 日 .

金，支持“顶尖级学校”改善基础设施。美国波士顿学院国际高等教育研究中心菲利普·阿特巴赫教授表示，虽然建设世界一流大学的公告令人鼓舞，但是在此之前印度曾有过类似的目标，而且效果微乎其微。要实现这一目标，仅有资金支持是不够的，还需要组合资源、创新思维和制定周密的计划，并将这些高等教育机构从政府的过度控制中解放出来。这是一项非常有难度的任务。①

（四）马来西亚：高等教育部将创建博士学位登记制度

马来西亚高等教育部计划创建博士学位登记制度，以应对马来西亚的学位证书造假问题

据悉，马来西亚高等教育部 (Higher Education Ministry) 计划创建博士学位登记制度，以应对马来西亚的学位证书造假问题。目前，马来西亚学位造假现象泛滥，其中博士学位证书造假问题最为严重。高等教育部的一项声明称，对于在马来西亚国内取得博士学位的学生，系统会自动登记其信息；而对于在海外获得博士学位的学生，高等教育部将会向授予大学核实其学位的真实性。高等教育部称，这项制度的起因是马来亚大学 (University Malaya) 起诉励志演讲家阿兹曼·奥斯曼 (Azizan Osman) 谎称取得该校博士学位。其后，奥斯曼学位证书事件中涉及的其他国内高校也纷纷效仿马来亚大学捍卫自己的权利。②

（五）OECD：受教育程度与收入成正比：硕士学位或更高学历持有者收入增加91%

OECD《教育概览 2016 报告》显示，通过对 35 个成员国数据的调查，受教育程度直接关系到工作后收入。该报告显示，与受过中等教育的成人相比，硕士

① 英国《泰晤士高等教育》网站 2016 年 3 月 4 日 .

② 来源：马来西亚《新海峡时报》，2016 年 11 月 06 日 .

学位或更高学历持有者收入增加 91%，学士学位持有者收入增加为 48%，短期大学教育接受者收入增加 20%。20 岁至 24 岁成人的高等教育入学率从 2005 年的 29% 提高到 2014 年的 33%。按照目前的发展趋势，经合组织各成员国 68% 的年轻成人在一生中将至少接受一次高等教育。①

与受过中等教育的成人相比，硕士学位或更高学历持有者收入增加91%，学士学位持有者收入增加为48%，短期大学教育接受者收入增加20%

① OECD Education at a Glance 2016；http://www.oecd.org/edu/education-at-a-glance-19991487.htm.

附录一　2016年学位与研究生教育质量要事志

1 月 8–9 日

国务院学位委员会第三十二次会议在北京召开。中共中央政治局委员、国务院副总理、国务院学位委员会主任委员刘延东出席会议并作重要讲话。她强调要准确把握“十三五”的新形势、新要求，以服务需求、提高质量为主线，提前谋划，前瞻部署，统筹好服务需求与优化结构的对接，着力深化研究生培养模式改革，坚持立德树人，科教结合，创新评价机制，统筹推进世界一流大学和一流学科建设，推动研究生教育发展迈上新台阶。本次会议议定了以下事项：①审议并原则通过了《关于第三十一次会议以来开展的主要工作和下一阶段工作的考虑》；②通过了《增列“网络空间安全”一级学科博士学位授权点名单》；③通过了《2014 年学位授权点专项评估结果》；④审议了《研究生教育发展“十三五”规划》；⑤审议了《关于深化博士硕士学位授权审核办法改革的意见》；⑥审议了《博士生导师学术指导职责指南》；⑦审议了《涉密研究生与涉密学位论文管理办法》。

2 月 16 日

教育部学位管理与研究生教育司发文同意北京市教委和上海市教委开展临床医学博士专业学位研究生教育综合改革试点工作。试点工作以 4 年为周期。2016 年，试点院校遴选符合条件的专科启动试点工作，完成首批与专科医师制度相衔接的临床医学博士专业学位研究生招生工作；加强培训基地建设，附属医院和教学医院争取成为首批专科医师规范化培训基地；与专科医师规范化培训制度有机衔接，探索以研究生毕业同等学力申请临床医学博士专业学位的新办法。

北京、上海获准进行临床医学博士专业学位研究生教育综合改革试点

2 月 23 日

国务院学位委员会办公室反馈了 2015 年在职人员攻读硕士专业学位录取考生报考资格抽查的结果。对资格审查不严、存在学历或学位不属实考生的三峡大学、南京理工大学和首都师范大学提出通报批评，并作为 2016 年资格抽查工作的必查单位再次抽检。

通报批评三峡大学、南京理工大学和首都师范大学

3 月 4 日

教育部通报了部属非中管高校工商管理硕士（MBA）专业学位研究生教育专项调查和自查自纠的情况。对 10 所部属非中管高校工商管理硕士（MBA）专业学位研究生教育进行了专项调查，对 42 所部属非中管高校部署了 MBA 教育专项自查自纠工作。通报中列出了专项调查中发现的主要问题：①违反政治纪律和政治规矩问题；②花钱买文凭问题；③未经批准私自出国（境）游学问题；④以各种名目违规领取费用问题；⑤财务管理不规范问题和⑥教学管理不严问题。通报中分析了产生问题的原因，说明了核查问责整改情况，并对下一步工作进行了安排。国务院学位委员会办公室发文撤销了武汉理工大学高级管理人员工商管理硕士（EMBA）专业学位研究生招生权。

撤销武汉理工大学高级管理人员工商管理硕士专业学位研究生招生权

3 月 16 日

国务院学位委员会公布了 2014 年学位授权点专项评估结果。此次专项评估结果由国务院学位委员会第三十二次会议审议通过，共有 41 个研究生培养单位的 4 个博士学位授权点、4 个硕士学位授权点和 42 个专业学位授权类别（领域）的评估结果为“不合格”。

41个研究生培养单位的4个博士学位授权点、4个硕士学位授权点和42个专业学位授权类别（领域）的评估结果为“不合格”

评估结果为“合格”的学位授权点，可继续行使学位授权。评估结果为“限期整改”的学位授权点，自发文之日起进行为期2年的整改，2016年招生工作结束后暂停招生。整改结束后接受复评，复评结果为“合格”的恢复招生，复评结果达不到“合格”的撤销学位授权。评估结果为“不合格”的学位授权点，自发文之日起撤销学位授权，5年之内不得重新申请。2016年招生工作结束后不得招生，在学研究生按原渠道培养、授予学位。撤销的学位授权点数，由各省级学位委员会按规定统筹用于本地区学位授权点动态调整，但不得用于本次按“不合格”撤销学位授权点的学位授予单位。学位授予单位主动提出放弃授权的学位授权点，自发文之日起撤销学位授权。2016年招生工作结束后不得招生，在学研究生按原渠道培养、授予学位。撤销的学位授权点数，优先用于放弃授权点的学位授予单位进行学位授权点动态调整。限期整改和撤销授权的博士学位授权点，其同一学科的硕士学位授权点继续行使硕士学位授权并招收硕士研究生。

3月22日

教育部印发《关于进一步规范工商管理硕士专业学位研究生教育的意见》。为促进工商管理硕士专业学位研究生教育健康发展，提出了以下意见：①坚持正确办学方向，准确把握办学定位。②严控招生计划，严守招生纪律。③强化队伍建设，提高师资水平。④严格教学管理，规范实践教学。⑤合规合理定价，依规依法收费。⑥加强财务管理，防范廉政风险。⑦加强组织领导，强化监督落实。

3月30日

2016年度省级学位委员会工作会议在北京召开，教育部副部长杜占元出席会议并讲话。会议的主要内容有：①传达刘延东副总理在国务院学位委员会第三十二次会议上的重要讲话和国务院学位委员会第三十二次会议精神，部署2016年度重点工作。②探讨如何贯彻落实研究生教育“十三五”规划，加强省级统筹规划，继续以“服务需求，提高质量”为主线，深化研究生教育改革，提高研究生教育质量等问题。③交流如何进一步加强省级统筹，优化区域布局，促进区域协调发展。

3月31日

教育部办公厅、国家卫生计生委办公厅、国家中医药管理局办公室联合下发《关于加强医教协同做好临床医学硕士专业学位研究生培养与住院医师规范化培训衔接工作的通知》，对各部门和各单位开展临床医学硕士专业学位研究生培养与住院医师规范化培训衔接工作提出了原则性要求。

4 月 20 日

教育部部署2016年研究生课程建设试点工作

教育部学位管理与研究生教育司发出通知，部署 2016 年研究生课程建设试点项目工作。2016 年的研究生课程建设试点工作是在 2014 年和 2015 年课程建设试点工作基础上开展的，要求各省根据 2014 年和 2015 年课程建设试点工作情况，推荐 3 所试点单位继续开展 2016 年度试点工作。

5 月 10 日

教育部学位管理与研究生教育司委托有关国务院学位委员会学科评议组开展研究生课程建设情况的调研工作。调研时间为 2016 年 6 月至 2017 年 5 月，要求全面摸清相关学科研究生课程设置、教材使用、教学内容、教学方法、评价方式等情况，调研国外相同或相关学科研究生课程教学，同时分析我国研究生课程教学和管理中存在的主要问题，提出有针对性的指导意见。

9 月 5 日

国务院学位委员会、教育部决定开展2016年学位授权点专项评估

国务院学位委员会、教育部下发通知，决定开展 2016 年学位授权点专项评估工作。此次学位授权点专项评估的范围为：2012 年获得授权的学术学位授权点和专业学位授权点，不含以二级学科学位授权点为基础增列的一级学科学位授权点，按照《学位授予和人才培养学科目录（2011 年）》对应调整的学术学位授权点和服务国家特殊需求人才培养项目。主要检查参评点研究生培养体系的完备性，包括师资队伍（队伍结构、导师水平）、人才培养（招生选拔、培养方案、课程教学、学术训练或实践教学、学位授予）和质量保证（制度建设、过程管理、学风教育）等。专项评估工作由国务院学位委员会办公室负责，委托国务院学位委员会学科评议组和全国专业学位研究生教育指导委员会组织实施。评估结果汇

总后报国务院学位委员会审批。国务院学位委员会根据评估结果，对参评点分别做出继续授权、限期整改或撤销学位授权的处理决定。评估结果及处理决定向社会公开。

9月9日

国务院学位委员会发文批准了安徽建筑大学、中国矿业大学将建筑学一级学科硕士学位授权点调整为建筑学硕士专业学位授权点，在评估合格有效期内开展学位授予工作，同时，撤销其建筑学一级学科硕士学位授权点；批准深圳大学、华侨大学、山东建筑大学、中南大学、武汉大学、北方工业大学在评估合格有效期内继续开展建筑学硕士专业学位授权工作；批准长沙理工大学、兰州理工大学、河南大学、河北建筑工程学院将建筑学学士学位授权点调整为建筑学学士专业学位授权点，在评估合格有效期内开展学位授予工作，同时撤销其建筑学学士学位授权点；批准深圳大学、华侨大学、广州大学、中南大学、武汉大学、北方工业大学、中国矿业大学、河北工程大学、苏州科技大学、西北工业大学在评估合格有效期内继续开展建筑学学士专业学位授权工作。批准安徽建筑大学将该校城乡规划学一级学科硕士学位授权点调整为城市规划硕士专业学位授权点，在评估合格有效期内开展学位授予工作，同时撤销其城乡规划学一级学科硕士学位授权点；批准清华大学、东南大学、同济大学、重庆大学、哈尔滨工业大学、天津大学、西南交通大学、浙江大学、湖南大学、昆明理工大学、山东建筑大学在评估合格有效期内继续开展城市规划硕士专业学位授予工作。

9月14日

《关于统筹全日制和非全日制研究生管理工作的通知》

教育部办公厅下发《关于统筹全日制和非全日制研究生管理工作的通知》，规定2016年12月1日后录取的研究生从培养方式上按全日制和非全日制形式加以区分。通知指出，从2017年起，教育部会同国家发展改革委按全日制和非全日制两类分别编制和下达全国博士、硕士研究生招生计划；今后将统一组织实施全日制和非全日制研究生的招生录取工作；全日制和非全日制研究生教育要达到同一质量标准；同时要做好全日制和非全日制研究生学历学位证书的管理工作。

从 2016 年起，不再组织在职人员攻读硕士专业学位全国联考，除高级管理人员工商管理硕士（EMBA）外，其他类别的在职人员攻读硕士专业学位招生工作，将以非全日制研究生教育形式纳入国家招生计划和全国硕士研究生统一入学考试管理。

不再组织在职人员攻读硕士专业学位全国联考

9 月 23 日

国务院学位委员会下达了 2016 年动态调整撤销和增列的学位授权点名单，本次动态调整中，共有 25 个省份的 175 所高校撤销学位授权点 576 个，其中博士学位授权点 51 个，硕士学位授权点 525 个；25 个省份的 178 所高校增列学位授权点 367 个，其中博士学位授权点 32 个，硕士学位授权点 335 个。

撤销学位授权点576个，其中博士学位授权点51个，硕士学位授权点525个。增列学位授权点367个，其中博士学位授权点32个，硕士学位授权点335个

11 月 11 日

中国学位与研究生教育学会 2016 年会员代表大会暨学术研讨会在西安召开，本次会议的主题是“研究生教育创新与实践”。大会设有 6 个平行论坛，分别是学位授权点建设标准与质量评估，研究生教育研究：理论与方法，研究生招生、培养、就业联动机制探索，专业学位研究生教育的发展与改革，研究生培养创新与国际化，评价与激励——奖助对于人才培养的作用。

会上还颁发了 2016 年中国学位与研究生教育学会研究生教育成果奖、2015—2016 年中国学位与研究生教育学会优秀博士学位论文奖、2016 年中国学位与研究生教育学会学术贡献奖和 2016 年中国学位与研究生教育学会工作贡献奖。

11 月 25 日

国务院学位委员会、教育部、国家保密局联合下发了《涉密研究生与涉密学位论文管理办法》。该办法分为总则、涉密研究生管理、涉密学位论文的定密与管理、涉密研究生的权益保障、奖励与处罚和附则共六章。

附录二　2016年(第六届)学位与研究生教育优秀博士学位论文评选结果

为激发学位与研究生教育相关学科博士研究生的创新能力，鼓励相关学科研究生创造高质量的科研成果，提高研究生的培养质量，提升我国研究生教育研究水平，推动学位与研究生教育相关学科建设，中国学位与研究生教育学会于2016年开展了第六届“学位与研究生教育优秀博士学位论文评选”工作。评选工作由中国学位与研究生教育学会统一领导，中国学位与研究生教育学会评估委员会组织实施。

2016年“学位与研究生教育优秀博士学位论文评选”的评选对象为2015年1月1日至2015年12月31日在国内获得博士学位者所撰写的学位论文，论文内容须与学位与研究生教育和管理等内容相关。

根据《学位与研究生教育优秀博士学位论文评选办法》，经过单位推荐、同行专家通讯评议、中国学位与研究生教育学会学术委员会审定、公示、会长批准和秘书处公布等环节，评选出了2016年“学位与研究生教育优秀博士学位论文”，详见下表。

第六届学位与研究生教育优秀博士学位论文名单

（按论文作者姓氏笔画为序）

单位	论文作者	指导教师	论文题目
清华大学	李江波	王战军	研究生教育监测预警研究
中国科学技术大学	李金龙	张淑林	协同创新环境下的研究生联合培养机制改革研究
南京农业大学	顾剑秀	罗英姿	知识生产模式转变下学术型博士生培养模式变革研究

附录三　2016年（第二届）中国学位与研究生教育学会研究生教育成果奖评选结果

为鼓励教育创新，深化教育改革，促进研究生培养质量的持续提高，中国学位与研究生教育学会自 2014 年设立“中国学位与研究生教育学会研究生教育成果奖”，每两年评选一次，奖励在研究生教育理论研究与教育教学实践工作中开拓创新、做出突出贡献、取得显著成效的集体和个人。

2016 年，学会秘书处收到来自全国从事研究生教育工作的单位和个人申报教育成果奖 217 项。按照评选办法，经过形式审查、网络评议、复评答辩、审核批准等程序确定最终入选成果 41 项。其中，尤政等人的“培养顶天立地的复合型工科创新人才的探索”等 9 项成果获得一等奖；鲁晓波等人的“‘信息艺术设计’跨学科创新人才培养探索”等 32 项成果获得二等奖（下表）。

第二届中国学位与研究生教育学会研究生教育成果奖获奖名单

一等奖：9项（按第一完成单位代码排序）				
序号	成果名称	完成单位	成果完成人	成果分类
1	培养顶天立地的复合型工科创新人才的探索	清华大学	尤政、李滨、张高飞、邢飞、赵嘉昊	教育实践类
2	研究生培养中导师的责任、爱心和创新	中国农业大学	吴常信	教育实践类
3	全日制教育硕士“全程贯通一体化”教育实践模式	东北师范大学 东北师范大学附属中学 辽宁省鞍山市教育局	魏民、李广平、秦春生、郑长龙、袁孝亭	教育实践类
4	导师学院加强培训供给侧改革的实践探索	苏州大学	熊思东、蒋星红、郎建平、钱振明、金薇吟	教育实践类

续表

一等奖：9项（按第一完成单位代码排序）				
序号	成果名称	完成单位	成果完成人	成果分类
5	基于网络化教学的硕士生思政课教学模式实践探索	南京师范大学	王跃、魏少华、王刚、朱小玲、张志丹	教育实践类
6	协同创新环境下的研究生联合培养机制改革研究	中国科学技术大学	张淑林、李金龙、裴旭、陈伟	教育研究类
7	建筑学研究生“三位一体”联动式设计人才培养模式创新与教育实践	华南理工大学	何镜堂、孟庆林、王国光、吴桂宁、唐孝祥	教育实践类
8	创新研究生培养模式，造就航空领军人才	西北工业大学	叶正寅、孙秦、傅金华、徐绯、李斌	教育实践类
9	学位论文送审平台对提升研究生学位论文质量的探索与实践	教育部学位与研究生教育发展中心		教育实践类
二等奖：32项（按第一完成单位代码排序）				
序号	成果名称	完成单位	成果完成人	成果分类
1	“信息艺术设计” 跨学科创新人才培养探索	清华大学	鲁晓波、史元春、崔保国、徐迎庆、付志勇	教育实践类
2	圆梦高铁，服务铁路重大工程需求，构建工程型创新人才培养模式	北京交通大学	余祖俊、钟章队、李国岫、姚冬苹、熊磊	教育实践类
3	面向国家需求与原始创新，探索厚基础重实践的材料学科研究生人才培养模式	北京航空航天大学	蒋成保、邓元、徐惠彬、段辉平、汪赫男	教育实践类

续表

一等奖：9项（按第一完成单位代码排序）

序号	成果名称	完成单位	成果完成人	成果分类
4	心理学创新型研究生分类培养模式的探索与构建	北京师范大学	刘嘉、林丹华、张西超、王耘、韩在柱	教育实践类
5	研究生“三助一辅”工作政策研究报告	北京师范大学 北京语言大学	周海涛、景安磊、方芳、史少杰、孙琪	教育研究类
6	电影新人成才计划——北京电影学院研究生长片毕业作业	北京电影学院	谢飞、俞剑红、黄英侠	教育实践类
7	“蓄内融外，协同互激”，动力工程全日制专业学位研究生创新培养模式的实践	天津大学	王天友、李敏霞、舒歌群、王树新、姜楠	教育实践类
8	建立博士点点长负责制完善博士生培养质量保障体系	大连理工大学	胡祥培、李丽、王前、齐民、高成锴	教育实践类
9	高校自主选拔生源的公平公正和科学性研究与实践——以哈工大结构化面试为例	哈尔滨工业大学	甄良、赵学增、周善宝、王玉银、梁大鹏	教育实践类
10	全球化背景下研究生培养模式的创新探索——以妇幼健康学科为例	复旦大学	钱序、汪玲、陈文、史慧静、谭晖	教育实践类
11	基于多元优质资源协同，构建具有国际视野的创新型研究生培养体系	同济大学	雷星晖、黄雨、王芳、袁媛、蔡永洁	教育实践类

续表

一等奖：9项（按第一完成单位代码排序）				
序号	成果名称	完成单位	成果完成人	成果分类
12	标准建设，深改推动，质量监督——化学工程专业学位研究生培养体系构建与实效	华东理工大学 浙江大学 北京化工大学	辛忠、徐心茹、单国荣、陈晓春、吴艳阳	教育实践类
13	经济学学术拔尖创新人才培养的十年改革与实践	上海财经大学	田国强、常进雄、夏纪军、杜宁华、陈旭东	教育实践类
14	中外联合“六位一体”研究生培养模式的创新与实践	东南大学	沈炯、袁榴娣、曹玖新、薛澄岐、陆建	教育实践类
15	国际化背景下研究生公共英语课程模式的创新实践	江苏大学	陈欣、陈红、万由令、钟家宝、张彬	教育实践类
16	农林学科研究生国际化培养体系创新与实践	南京农业大学	徐翔、张阿英、陈杰、郭晓鹏、康若祎	教育实践类
17	药学硕士实践基地建设	中国药科大学	邵蓉、余伯阳、张永泽、顾洁、杨涓	教育实践类
18	基于“ARE”模式的博士生国际化培养的探索与实践	浙江大学	王家平、叶恭银、沈杰、刘多、葛盈辉	教育实践类
19	创新驱动，协同指导，材料学科博士研究生拔尖 人才培养模式的探索与实践	浙江大学	韩高荣、陈立新、张泽、陈洁、杨倩	教育实践类
20	6C“容•和”涉非汉语推广人才培养探索与实践	浙江师范大学	徐丽华、孙春颖、李贵仓、刘星喜、暴明莹	教育实践类

续表

一等奖：9项（按第一完成单位代码排序）				
序号	成果名称	完成单位	成果完成人	成果分类
22	以信息化为支撑的研究生培养质量保证机制的构建	福州大学	林述温、刘能现、常凯、张洪清、黄文峰	教育实践类
23	生命科学研究生批判性思维和创新能力培养	武汉大学	舒红兵	教育实践类
24	服务创新需求，开拓国际视野——研究生高水平国际化课程建设	华中科技大学	刘劲松、徐明生、任学梅、冯征、吴丰顺	教育实践类
25	立德树人，系统构建高水平研究型大学拔尖创新人才育人环境	华南理工大学	邱学青、施亚玲、王科、黄国清、张勤远	教育实践类
26	轨道交通行业拔尖创新人才培养模式改革与实践	西南交通大学	冯晓云、赵人达、周丹、王锋、华宝玉	教育实践类
27	以社会需求与职业发展为导向的法律硕士专业学位研究生教育改革与实践	西南政法大学	付子堂、孙长永、李燕、胡雅彬、侍慧宇	教育实践类
28	瞄准三个面向科技战略，实施拔尖人才分类培养——博士生创新能力培养实践	西安交通大学	陈花玲、赵万华、李兵、卢秉恒、孙利平	教育实践类
29	构建国际化课程体系和实践培养体系，探索电气工程应用型高层次人才培养模式	西安交通大学	荣命哲、别朝红、杨旭、李盛涛、方丽	教育实践类
30	兽医专业学位研究生“三性五化”实践能力培养体系的构建与实践	扬州大学	焦新安、刘秀梵、刘宗平、彭大新、秦爱建	教育实践类

续表

31	基于“三维—双平台”的油气地质领域高层次人才工程能力培养模式创新与实践	中国石油大学（北京）	曾溅军、刘秀梵、刘宗平、彭大新、秦爱建	教育实践类
32	实践引领、机制创新、文化铸魂——构建无人系统领域“新四有”创新人才培养体系	国防科学技术大学	戴斌、史美萍、谢海斌、吴涛、牛轶峰	教育实践类

附录四　2016年学位与研究生教育质量方面的重要文件

《教育部关于进一步规范工商管理硕士专业学位研究生教育的意见》

（教研〔2016〕2号，教育部2016年3月22日）

各省、自治区、直辖市教育厅（教委），新疆生产建设兵团教育局，有关部门（单位）教育司（局），部属有关高等学校：

我国自1991年开展工商管理硕士专业学位研究生教育以来，培养了一大批适应改革开放和社会主义现代化建设需要的高层次经营管理人才，为经济社会发展做出了积极贡献。作为我国设置的首个专业学位，工商管理硕士专业学位在研究生教育理念、招生方式、培养模式、教学管理、论文标准等方面积极探索，不断创新，发挥了重要的示范引领作用，推动了我国专业学位研究生教育的顺利发展。但同时，工商管理硕士专业学位研究生教育在发展过程中，也存在一些需要高度重视并亟待解决的问题，如部分院校办学定位不准、办学思想不够端正、办学行为有失规范等，影响了工商管理硕士专业学位研究生教育的办学质量和声誉，引起社会关注。为促进工商管理硕士专业学位研究生教育健康发展，现提出如下意见：

1. 坚持正确办学方向，准确把握办学定位

工商管理硕士专业学位研究生教育，是研究生教育的重要组成部分，是培养高层次应用型人才的重要渠道。各培养院校要以培养服务社会主义现代化建设需要的高层次经营管理人才为目标，坚持社会主义办学方向，全面贯彻党的教育方针，落实立德树人根本任务。采取有效措施，把全面从严治党、依法治校的政治要求实实在在落实到工商管理硕士专业学位研究生教育具体工作中。切实加强和改进研究生思想政治教育，保证和开好思想政治理论课，营造良好学风。坚持以社会需求为导向，遵循人才培养规律，深化教育教学改革，坚决避免以营利为目

的的办学倾向，坚决杜绝权力寻租现象。

2. 严控招生计划，严守招生纪律

各培养院校要综合考虑导师队伍、教学设施等办学条件及工商管理硕士专业学位研究生教育教学特点，合理确定招生计划和生师比例（每名导师指导学生人数要有上限）。严把招生入口关，严格执行招生政策规定，规范招生宣传和管理，严禁委托中介招生或招揽生源，严禁举办考前辅导班；加强复试考核，坚持德智体全面衡量，加强综合素质尤其是政治素质考核，对于思想政治考核不合格的不予录取。从2017年起，高级管理人员工商管理硕士统一纳入全国硕士研究生考试招生，考生参加工商管理硕士专业学位研究生全国统一入学考试，由教育部划定统一的工商管理硕士专业学位分数线并向社会公布，培养院校按照国家统一招生政策自主录取；自2016年12月1日起，各培养院校不再自行组织高级管理人员工商管理硕士专业学位研究生招生考试。各培养院校根据《中央党的群众路线教育实践活动领导小组 中组部 教育部关于严格规范领导干部参加社会化培训有关事项的通知》（中组发〔2014〕18号）精神，严格执行。

3. 强化队伍建设，提高师资水平

各培养院校要加强教师和管理人员队伍建设，制定完善的教师和管理人员聘用制度，建立外聘教师、讲座人的聘请制度，不断提高师资水平。在教师聘任、教材使用、教学评价等方面严把政治关，加强考察和监督，坚决杜绝教学过程中出现违背政治原则、政治立场和政治方向的言论和行为。

4. 严格教学管理，规范实践教学

各培养院校要健全教学管理制度，细化教学质量标准，严禁在本院校章程规定的办学地点以外开展主要课程教学活动，严禁与教育培训机构联合培养研究生，严禁“先上课后入学”。严格按照教学大纲和教学计划开展教学活动，加强研究生课堂考勤、课程考核、论文开题和学位论文答辩过程的监督检查，建立完备的教学档案和学籍档案；杜绝“培训班”式、“放羊”式的培养方式，杜绝不上课或达不到规定课时而获得学位的现象；严禁降低标准授予学位学历、“花钱买学位”等行为，严肃查处教学评价中的权力寻租和不正之风。健全和完善培养院校领导班子成员听课制度，加强对遵守政治纪律和规矩、贯彻立德树人情况的监督检查，严肃课堂讲课纪律。规范境内外游学、访学、考察等实践教学活动，建立内容审核和审批流程；未经批准不得私自组团出国（境）开展实践教学活动或延长出国（境）时间，教师和管理人员不得持因私护照出国（境）游学；不得以游学、访学等名义，前往景点观光旅游。

5. 合规合理定价，依规依法收费

各培养院校要严格执行《国家发展改革委 财政部 教育部关于加强研究生教育学费标准管理及有关问题的通知》（发改价格〔2013〕887号）要求，全日制和非全日制研究生学费标准，须按程序报经省级人民政府批准后执行。学费标准必须在招生简章中注明，并严格执行收费公示制度。

6. 加强财务管理，防范廉政风险

各培养院校要加强工商管理硕士专业学位研究生教育的收费管理，学费等收入必须纳入培养院校财务统一管理、统一核算，实行“收支两条线”，不得坐收坐支。建立健全教职工特别是领导干部薪酬管理制度，课酬、劳务费、津补贴等经费支出管理办法，必须经培养院校党委常委会或党政联席会议讨论同意，并经财务、人事等职能部门审核备案后公开发布。严格遵守中央八项规定精神，严禁违规公款接待、违规配备使用公务用车、违规配备办公用房以及违规因公出国（境），严禁公款旅游等。严肃查处以虚假票据等各种名目套取、骗取经费问题。各培养院校现任领导班子成员，参加属于行政职务职责范围内的活动，不得领取劳务费、津补贴，原则上不承担高级管理人员工商管理硕士课程教学任务。

7. 加强组织领导，强化监督落实

各省级教育行政部门要加强组织领导，加大对本行政区域内工商管理硕士专业学位研究生教育规范办学的监督力度。全国工商管理专业学位研究生教育指导委员会要加强对培养院校教学质量的监督检查，对问题严重的院校进行警示并提出规范管理建议。各培养院校要高度重视工商管理硕士专业学位研究生教育（含中外合作办学项目）的规范管理工作，在招生、培养、学位授予等方面实行统一管理，理顺体制，规范办学，确保学位授予质量。国家将进一步加强对工商管理硕士专业学位研究生教育的监督管理和评估检查，对问题严重的培养院校，将依法撤销工商管理硕士专业学位授予权。

《教育部办公厅关于统筹全日制和非全日制研究生管理工作的通知》
（教研厅〔2016〕2号，教育部办公厅2016年9月14）

各省、自治区、直辖市教育厅（教委），新疆生产建设兵团教育局，有关部门（单位）教育司（局），中央军委训练管理部职业教育局，部属各高等学校：

为推进全日制和非全日制研究生教育协调发展，促进全日制和非全日制研究生教育规范管理，依据《中华人民共和国学位条例》《中华人民共和国高等教育法》以及《教育部 国家发展改革委 财政部关于深化研究生教育改革的意见》（教研〔2013〕1号）相关规定和精神，现就统筹全日制和非全日制研究生管理工作有关要求通知如下，请遵照执行。

一、准确界定全日制和非全日制研究生

全日制研究生是指符合国家研究生招生规定，通过研究生入学考试或者国家承认的其他入学方式，被具有实施研究生教育资格的高等学校或其他高等教育机构录取，在基本修业年限或者学校规定年限内，全脱产在校学习的研究生。

非全日制研究生指符合国家研究生招生规定，通过研究生入学考试或者国家承认的其他入学方式，被具有实施研究生教育资格的高等学校或其他高等教育机构录取，在基本修业年限或者学校规定的修业年限（一般应适当延长基本修业年限）内，在从事其他职业或者社会实践的同时，采取多种方式和灵活时间安排进行非脱产学习的研究生。

2016年11月30日前录取的研究生按原有规定执行；2016年12月1日后录取的研究生从培养方式上按全日制和非全日制形式区分。

二、统一下达全日制和非全日制研究生招生计划

从2017年起，教育部会同国家发展改革委按全日制和非全日制两类分别

编制和下达全国博士、硕士研究生招生计划。相关投入机制、奖助和收费等政策按《财政部 国家发展改革委 教育部关于完善研究生教育投入机制的意见》（财教〔2013〕19号）执行。

三、统一组织实施全日制和非全日制研究生招生录取

全日制和非全日制研究生考试招生依据国家统一要求，执行相同的政策和标准。各研究生培养单位的招生简章须明确学习方式、修业年限、收费标准等内容。考生根据国家招生政策和培养单位招生简章自主报考全日制或非全日制研究生。

四、坚持全日制和非全日制研究生教育同一质量标准

研究生培养单位根据社会需求自主确定不同学科、类别研究生教育形式，根据培养要求分别制定培养方案，统筹全日制与非全日制研究生教育协调发展，坚持同一标准，保证同等质量。

五、做好全日制和非全日制研究生学历学位证书管理工作

全日制和非全日制研究生毕业时，所在高等学校或其他高等教育机构根据其修业年限、学业成绩等，按照国家有关规定发给相应的、注明学习方式的毕业证书；其学业水平达到国家规定的学位标准，可以申请授予相应的学位证书。

全日制和非全日制研究生实行相同的考试招生政策和培养标准，其学历学位证书具有同等法律地位和相同效力。

各省级教育行政部门和研究生培养单位要调整现有的招生计划安排办法，规范招生宣传和正确引导，加强学籍管理，完善研究生奖助体系，强化培养过程管理及质量保障体系建设，确保全日制和非全日制研究生培养质量。

参考文献

［1］翟亚军，王战军，彭方雁．研究生教育质量的指数测度方法——对“985工程”一期教育部直属高校的实证分析［J］．教育研究，2012（2）:79—83.

［2］肖甦．俄罗斯的一流大学建设［J］．华东师范大学学报(教育科学版),2016 (3) :12—15.

［3］王正青,鲍娟.国外高校实践创新型教育博士培养经验与借鉴［J］．教师教育学报, 2016 (4):90—94.

［4］Kent Lee，Hikyoung Lee. Korean graduate students’ perceptions of guidance and professional development［J/oL］．Higher Education，2016 (2):73.［2017-06-10］. https://link.springer.com/article/10.1007/s10734-016-9988-9.

［5］Hermanowicz, J. C. Faculty perceptions of their graduate education［J］．Higher Education，2016，72(3)：1—15.

［6］刘延东．在国务院学位委员会第三十三次会议上的讲话［N］．中国教育报，2017-03-12（1）.

［7］刘博智．2016年学位点动态调整结果公布 175所高校撤销576个学位点 ［N］．中国教育报，2016-10-20（1）.

［8］王鑫昕，瞿振元．“双一流”是建设高教强国的一部分，但不是全部［N］．中国青年报，2016-11-10（3）.

［9］熊丙奇．“命丧导师工厂”：导师职权监督制当立［N］．新京报，2016-05-30（A02）.

［10］张晓鸽.清华启动学生创新力提升证书项目［N］．京华时报，2015-01-20（C08）.

［11］一所国家试点学院的“三个融合”——苏州大学探索纳米科技拔尖创新人才培养新模式［N］．中国教育报，2017-02-20（3）.

［12］学位点评估将成教育质量监测常态——国务院学位办有关负责人解读2014年学位授权点专项评估结果［EB/OL］．（2016-03-31）［2017-05-20］. http://paper.jyb.cn/zgjyb/html/2016-03/31/content_452506.htm?div=-1.

［13］刘延东同志在国务院学位委员会第三十三次会议上的讲话［EB/OL］．（2017-01-23）

［2017-05-20］. http://www.moe.gov.cn/jyb_xwfb/moe_176/201703/t20170313_299224.html.
［14］2016年教育数据统计来自教育部发展规划司编印的《中国教育事业发展统计简况》
［15］教育部 国家统计局 财政部.关于2015年全国教育经费执行情况统计公告［EB/OL］.（2016-10-10）［2017-05-18］. http://moe.edu.cn/srcsite/A05/s3040/201611/t20161110_288422.html.
［16］国家统计局 科学技术部 财政部. 2015年全国科技经费投入统计公报［EB/OL］.（2016-11-11）［2017-05-21］. http://www.stats.gov.cn/tjsj/zxfb/201611/t20161111_1427139.html.
［17］教育部科学技术司. 2016年高等学校科技统计资料汇编［EB/OL］.（2017-03-03）［2017-05-21］. http://www.moe.edu.cn/s78/A16/A16_tjdc/201703/W020170303298684014598.pdf
［18］国家自然科学基金委员会. 2016国家自然科学基金资助项目统计［EB/OL］.（2016-12-12）［2017-05-21］. http://www.nsfc.gov.cn/nsfc/cen/xmtj/pdf/2016_table.pdf.
［19］教育部办公厅关于统筹全日制和非全日制研究生管理工作的通知［EB/OL］.（2016-09-14）［2017-05-22］. http://www.moe.edu.cn/srcsite/A22/moe_826/201609/t20160914_281117.html.
［20］关于统筹全日制和非全日制研究生管理有关工作答记者问［EB/OL］.（2016-09-14）［2017-05-22］. http://www.moe.edu.cn/jyb_xwfb/s271/201609/t20160914_281149.html.
［21］《关于统筹全日制和非全日制研究生管理工作的通知》全文及解读［EB/OL］.（2016-09-21）［2017-05-22］. http://www.yjbys.com/gongwuyuan/show-522608.html.
［22］国务院学位委员会关于下达2014年学位授权点专项评估结果及处理意见的通知［EB/OL］.（2016-03-16）［2017-05-22］. http://www.moe.edu.cn/srcsite/A22/moe_818/moe_820/201603/t20160325_235327.html.
［23］中国学位与研究生教育学会2016年会员代表大会在西安召开［EB/OL］.（2016-11-11）［2017-05-22］. http://www.csadge.edu.cn/info/zxhdt/2992.
［24］关于表彰第一届中国学位与研究生教育学会学术贡献奖的决定［EB/OL］.（2016-11-11）［2017-05-23］. http://www.csadge.edu.cn/info/zxhdt/2988.
［25］我校正式硕士研究生教育改革［EB/OL］.（2016-04-22）［2017-05-23］. http://news.nju.edu.cn/show_article_1_41811.
［26］专业学位研究生教育启动“供给侧改革”［EB/OL］.（2016-07-22）［2017-05-23］. http://news.xjtu.edu.cn/info/1003/67821.htm.

［27］西安交大启动专业学位研究生培养改革［EB/OL］.（2016-07-15）［2017-05-23］. http://news.xjtu.edu.cn/info/1003/67342.html.

［28］我校开设全国首个“研究生教育学”专业，将于2017年开招硕士研究生［EB/OL］.（2016-06-29）［2017-05-23］. http://news.tju.edu.cn/zx/jx/201606/t20160629_281970.html.

［29］媒体揭秘华东理工研究生死亡：导师亦师亦商［EB/OL］.（2016-05-29）［2017-05-23］. http://finance.sina.com.cn/sf/news/2016-05-30/101031601.html.

［30］北京考研替考案宣判被告人被判拘役1月并罚款［EB/OL］.（2016-01-14）［2017-05-23］. http://news.xinhuanet.com/local/2016-01/14/c_128629325.html.

［31］清华大学2017年博士生招生改革说［EB/OL］.（2016-07-15）［2017-05-23］. http://yz.tsinghua.edu.cn/publish/yjszs/8545/2016/20160715092826806623789/20160715092826806623789_.html.

［32］清华大学全面推进博士研究生招生“申请—审核”制［EB/OL］.（2016-09-02）［2017-05-23］. http://mp.weixin.qq.com/s?biz=MzA5ODcwNTQxMA==&mid=2650826208&idx=1&sn=7f43c5c9d4617aebc193c01fbb0cb955&scene=21#wechat_redirect.

［33］2016年清华大学博士生指导教师研修大会召开［EB/OL］.（2016-11-23）［2017-05-23］. http://news.tsinghua.edu.cn/publish thu news/10303/2016/20161123152648619118000/2016112315264861911800_.html.

［34］2016年清华研究生教育十大事件［EB/OL］.（2017-01-01）［2017-05-23］. http://learning.sohu.com/20170101/n477501368.shtml.

［35］清华大学苏世民书院正式开学［EB/OL］.（2016-09-10）［2017-05-23］. http://news.tsinghua.edu.cn/publish/thunews/9660/2016/20160910173951579107723/20160910173951579107723_.html.

［36］走进清华研究生教改:打造“三位一体”的创新型平台，培育清华创新型人才——清华大学x-lab（x-空间）研究生教改项目［EB/OL］.（2016-09-09）［2017-05-23］. http://mp.weixin.qq.com/s?__biz=MzA5ODcwNTQxMA=&mid=2650826267&idx=2&sn=a72d962fc845103b617b951b8d33049d&mpshare=1&scene=1&srcid=0108vDMKlcmterxhj2xcgoxg#rd.

［37］清华深化专业学位研究生教育综合改革首批试点项目启动［EB/OL］.（2016-03-11）［2017-05-23］. http://news.tsinghua.edu.cn/publish/thu news/9649/2016/2016031108343124489 3871/20160311083431244893871_.html.

[38] 清华大学建筑学院直博生兼修硕士学位项目招生简章 [EB/OL]. (2016-06-07) [2017-05-23]. http://www.arch.tsinghua.edu.cn/chs/data/tongzhi/20160607.html.

[39] 苏州大学学校简介 [EB/OL]. (2016-04-30) [2017-05-23]. http://www.suda.edu.cn/general_situation/xxjj.jsp.

[40] 苏州大学成立国内首个导师学院 [EB/OL]. (2010-11-12) [2017-05-23]. http://yjs.suda.edu.cn/html/182/14987.html.

[41] 关于撤销硕士学位授权点的公示 [EB/OL]. (2016-10-19) [2017-05-23]. http://yjs.suda.edu.cn/html/87/14683.html.

[42] 我校与美国亚利桑大学签订"3+1+1"加速硕士合作协议 [EB/OL]. (2016-11-15) [2017-05-23]. http://www.suda.edu.cn/suda_news/sdyw/201611/c4e16285-6624-4478-952f-48eb2478720d.html.

[43] 我校召开第八次研究生事务联席会 [EB/OL]. (2016-10-13) [2017-05-23]. http://www.suda.edu.cn/suda_news/sdyw/201610/6593615c-f603-4297-bda3-215b6f2e7711.html.

[44] 何镜堂简介 [EB/OL]. [2017-05-23]. http://www.scutad.com.cn/plus/list.php?tid=27.

[45] 名誉院长：何镜堂（院士） [EB/OL]. (2013-03-12) [2017-05-23]. http://www.scut.edu.cn/architecture/2012/1104/c2875a101437/page.htm.

[46] 何镜堂工作室——中国建筑设计"领跑梯队" [EB/OL]. (2012-09-18) [2017-05-23]. http://bbs.ccbuild.com/thread-248296-1-1.html.

[47] 通过20年来的努力，中国高校是否能跻身世界一流大学名单？ [EB/OL]. [2017-05-24]. http://www.scmp.com/news/china/policies-politics/article/2009267/retaking-test-can-chinas-universities-secure-world.

[48] Jeffrey R Young. Online 'micro-masters' programmes extend their reach. [EB/OL]. (2016-09-23) [2017-05-24]. http://www.universityworldnews.com/article.php?story=20160923140206232.

[49] Jessica Elgot. Universities fear UK's global reputation in jeopardy due to Brexit. [EB/OL]. (2016-09-19) [2017-05-24]. https://www.theguardian.com/education/2016/op/19/universities-fear-uk-global-reputation-in-jeopardy-brexit.

[50] Hinnerk Feldwisch-Drentrup. German university says it will rewrite controversial funding deal. [EB/OL]. [2017-05-24]. http://www.sciencemag.org/news/2016/07/german-university-says-it-will-rewrite-controversial-funding-deal.

[51] REBECCA TRAGER. Bias in science funding favours big Canadian universities ［EB/OL］. ［2017-05-24］. http://www.rsc.org/chemistryworld/2016/07/bias-science-funding-favours-big-canadian-universities.

[52] Jan Petter Myklebust. Doubling of PhDs has not affected quality-Analysis. ［EB/OL］.（2017-03-06）［2017-05-24］. http://www.universityworldnews.com/article.php?story=20170306231754151.

[53] Elena Proshina. Russia to establish new university rankings in 2017. ［EB/OL］.（2016-11-13）［2017-04-24］. http://rbth.com/education/2016/11/03/russia-to-establish-new-university-rankings-in-2017644813.

[54] Beckie Smith. Russia: international student spending hits $1.4bn. ［EB/OL］.［2017-05-25］. https://thepienews.com/news/russia-international-student-spending-1-4bn-ranepa-research/.

[55] 部科学省.第3次大学院教育振兴施策要纲［EB/OL］.（2016-04-15）［2017-05-25］. http://www.mext.go.jp/b_menu/houdou/28/03/__icsFiles/afieldfile/2016/04/15/1369696_1.pdf.

[56] OECD Education at a Glance 2016［EB/OL］.［2016-05-25］. http://www.oecd.org/edu/education-at-a-glance-19991487.htm.

后 记

2017 年，中国研究生教育质量编研组在 2016 年对框架整体改版，并在发行了《六说研究生教育质量》和 *China's Graduate Education Quality-Data on Six Aspects* 两个简本的基础之上，进行了再一次的完善。

《中国研究生教育质量年度报告(2017)》在汲取前 5 本报告优点的基础之上，从 2017 年 1 月正式开始启动编研工作，并多次召开研讨会，确定了本年度报告的有关内容。本报告以述说、数说、事说、研究生说、省说、第三方说、境外媒体与专家学者说等为视角，聚焦了 2016 年我国研究生教育质量状态，最终形成了《中国研究生教育质量报告（2017）》。

本年度质量报告的编写成员来自清华大学、北京理工大学、学位与研究生教育杂志社、武汉大学、东南大学、湘潭大学、首都师范大学、北京石油化工学院 8 家单位。报告分工如下：第一章，廖湘阳；第二章，王战军、唐广军、娄枝、郭晓琳；第三章，耿有权，赵清华、江露、王怀、宋雪梅、胡西子；第四章，王传毅、程哲、谢晓立；第五章，周文辉、刘俊起、黄欢、付鸿飞；第六章，荣利颖、李芬；附录，周玉清。整体报告由王战军统稿，乔刚为项目秘书。

本年度报告中的全国研究生满意度调查继续由学位与研究生教育杂志社承担问卷的发放、回收、数据的录入与分析等。2017 年，全国共有 109 所研究生培养单位的近 6 万名在校研究生参与了问卷调查，参与调查人数比往年持续增加。在此，谨对这个研究生培养单位的有关负责人及工作人员付出的辛勤劳动表示感谢！对所有参与满意度调查的在校研究生表示感谢！也欢迎更多的研究生培养单位和研究生参与到未来的调查活动中来。

同时，还要感谢专家委员会所有成员给予本报告的宝贵意见和建议！感谢编研组成员及工作人员长期为此付出的智慧和汗水！感谢所有参考文献的作者。

《中国研究生教育质量年度报告（2017）》在已有研究的基础上对各个章节继

续进行创新，以期在保证学术研究严谨性的同时，进一步增强本报告从多维度、多层面对年度研究生教育质量的直观呈现，以回应社会对研究生教育质量的关切，为大学生了解和选择研究生单位提供参考，为研究生教育主管部门提供质量评估参考，为研究生教育工者提供工作参考，为研究生教育研究者提供有价值的学术参考。

但是，由于编研组人员水平有限，本报告仍存在一些不足，请广大读者进行批评指正，以不断改进我们的编写工作，提高本书的质量和影响力。

最后，本报告的编研是一个开放的创作平台，欢迎有志于研究生教育质量研究的同仁加入我们的队伍，组建研究生教育质量研究的学术共同体，共同打造一部全面、系统、多视角、多层面的中国研究生教育质量年度报告。

王战军

2017 年 6 月